本书根据新形势下汽车钣金喷涂特点,以"图解+视频"的形式进行讲解,由浅入深,突出操作技能,内容新颖,贴近实际钣金喷涂,有别于目前国内出版的同类教材和图书。全书内容覆盖日常汽车钣金和喷涂过程中必会的知识和技能。

本书选取了大量的图片和视频,简单实用,易学易懂,可供从事或准备从事汽车钣金喷涂工作的广大读者学习使用,也可作为相关汽车院校师生操作培训的辅导用书。

图书在版编目(CIP)数据

汽车钣金喷涂码上学/陈甲仕主编.—北京:机械工业出版社,2018.12
(汽车职业技能码上学丛书)
ISBN 978-7-111-61658-0

Ⅰ.①汽… Ⅱ.①陈… Ⅲ.①汽车-钣金工②汽车-喷涂 Ⅳ.①U472.4

中国版本图书馆CIP数据核字(2018)第303160号

机械工业出版社(北京市百万庄大街22号 邮政编码100037)
策划编辑:杜凡如 责任编辑:杜凡如 徐 霆
责任校对:王 欣 封面设计:王九岭
责任印制:孙 炜
廊坊一二〇六印刷厂印刷
2019年2月第1版第1次印刷
184mm×260mm・7.75印张・152千字
0001—3000册
标准书号:ISBN 978-7-111-61658-0
定价:49.00元

凡购本书,如有缺页、倒页、脱页,由本社发行部调换

电话服务 网络服务
服务咨询热线:010-88361066 机 工 官 网:www.cmpbook.com
读者购书热线:010-68326294 机 工 官 博:weibo.com/cmp1952
　　　　　　　010-88379203 金 书 网:www.golden-book.com

封面无防伪标均为盗版 教育服务网:www.cmpedu.com

前言

车主日常用车中，磕碰现象常有发生，无论汽车碰撞损坏程度大小都需要进行修复。因此，汽车钣金喷涂成为汽车服务的主要内容之一。为了使广大从事汽车钣金喷涂的人员更快地进入工作角色，提高从业技术和实践水平，特意编写《汽车钣金喷涂码上学》来满足大家学习需求。

本书采用"图解+视频"的独特方式进行讲解，并且融合了汽车钣金喷涂过程中的精髓，让读者学得轻松、学得愉快，即学即上岗，是一本经典的钣金喷涂书籍。全书分为7章、共40个项目进行阐述，主要覆盖日常汽车钣金和喷涂过程常见的必会项目。

本书选取了大量的图片和视频，易学实用、通俗易懂，能够学以致用，可供从事或准备从事汽车钣金喷涂工作的广大读者学习使用，也可作为汽车院校师生实训指导用书。

本书由陈甲仕主编，参加编写的人员有陈科杰、陈柳、黄容。在本书编写过程中，得到了许多汽车维修企业以及广大技师朋友的大力支持和协助，在此表示诚挚的感谢！

由于编者水平有限，书中难免有不足之处，恳请广大读者批评指正，以便再版时补充完善。

编　者

目 录

前 言

第1章 车身钣金件修复技巧 / 1
1. 用铁锤和垫铁修整钣金件变形 / 1
2. 用焊接介子修整钣金件凹陷变形 / 4
3. 拉拔钣金件凹陷变形 / 5
4. 用惯性锤修复钣金件凹陷变形 / 6
5. 支撑法修复钣金件变形 / 9

第2章 车身钣金件更换与修复 / 12
6. 更换后翼子板 / 12
7. 更换后围板 / 21
8. 车门槛凹陷的修复 / 23
9. 铝车身钣金件修复 / 26
10. 后尾灯灯座的修复 / 28
11. 车身侧板的修复 / 31
12. 车门槛的挖补修复 / 35
13. 后轮罩的修复 / 40

第3章 车身矫正修复 / 44
14. 车身前部碰撞损坏的矫正 / 44
15. 车身后部碰撞损坏的矫正 / 49
16. 车身侧面碰撞损坏的矫正 / 50
17. 汽车大梁碰撞损坏的矫正 / 51

第4章 车身塑料件及内饰损坏的修理 / 54
18. 保险杠破损的修复 / 54
19. 塑料件孔洞的修复 / 61
20. 塑料件擦伤的修复 / 63
21. 仪表台刮痕修复 / 64
22. 内饰板的修复 / 65
23. 真皮座椅修复 / 67
24. 转向盘修复 / 68

25. 车窗按键损坏修复 / 70

第 5 章　车身附件修理 / 72

26. 左侧后尾灯对位及安装 / 72
27. 右侧后尾灯对位及安装 / 75
28. 行李箱盖尾灯对位及安装 / 77
29. 轮辋的修复 / 78
30. 安装保险杠亮条 / 80

第 6 章　车身刮原子灰 / 82

31. 刮原子灰前表面处理 / 82
32. 原子灰的涂抹 / 85
33. 原子灰的打磨 / 89
34. 原子灰的修整 / 90

第 7 章　车身喷漆 / 95

35. 调色漆 / 95
36. 车身喷漆前的准备 / 100
37. 车身喷色漆 / 104
38. 车身喷清漆 / 109
39. 面漆喷涂后涂膜的修整 / 112
40. 面漆的抛光 / 113

参考文献 / 116

第1章 车身钣金件修复技巧

1. 用铁锤和垫铁修整钣金件变形

（1）针对小范围局部变形的整形，可以用一块垫铁或等同的工具贴紧钣金件变形的反面，用锤子敲击钣金件变形部位，使变形被压缩到原来形状。操作时要视钣金件的变形程度来掌握锤击力度的大小。

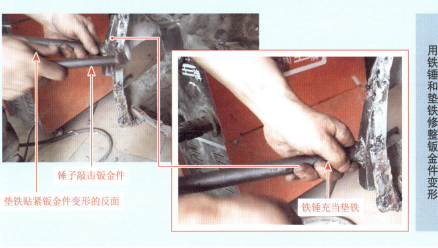

用铁锤和垫铁修整钣金件变形

（2）局部凹陷修复时使用垫铁贴紧钣金件最低处，然后用铁锤敲击附近凸起处即可使其恢复原来状态。垫铁的形状一般要求与曲面的曲率相一致，避免敲击时使钣金件的损坏更严重。修整凹陷时，捶击应按照从凹陷的外围逐渐向中心区域过渡的顺序进行，才能达到预期的效果。

（3）修整大范围凹陷时，可以在钣金件的背面进行敲击，使钣金的凹陷逐步消失。

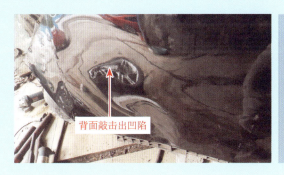

大范围凹陷的修整

（4）对于刚性很强的钣金件，则使用铁锤敲击使其恢复原来的状态。敲击时右手握紧铁锤手柄的端部（相当于手柄全长的 1/4 位置），依靠手腕的动作来挥动锤子，并利用铁锤敲击钣金件时产生的回弹力沿一个圆形的运动轨迹来敲击，便于更好地控制铁锤。

用铁锤修复底板纵梁

用铁锤修复底板纵梁

相关知识

1. 钣金锤

钣金锤一般用于汽车制造和汽车车身修复，对于汽车外部被划伤或撞毁的部件，要用钣金锤一点一点地敲击使其恢复到原形。钣金锤主要分为整平锤、球头锤、铁锤、橡胶锤等。

（1）整平锤。整平锤的锤头有圆有方，锤面平整略有弧度，它主要用于整平车身外板。

（2）球头锤。球头锤是钣金修复的多用途工具，它主要用于矫正车身弯曲结构，一般可以用来进行所有的钣金件手工加工。

（3）铁锤。铁锤是修复损坏的钣金件所必需的工具，它常用来进行大强度的钣金件加工，例如用来矫正较重的车身内部结构，以及矫正车架、横梁、重型车身和保险杆支撑、支架等。

（4）橡胶锤。橡胶锤用于柔和地敲击薄钣金件，它具有一定弹性，不损坏被敲钣金件表面。

整平锤

铁锤

2. 垫铁

常见的垫铁有通用型垫铁、中隆型垫铁、足尖型垫铁等类型，使用时应根据钣金件的结构和形状来选择。

（1）通用型垫铁有多种隆起，可以用来粗加工挡泥板的隆起部分和车身的不同曲面，可矫正挡泥板凸缘、装饰条和轮缘，还可以用于收缩平的金属钣金件和隆起的金属钣金件以及修正焊接区等。

通用型垫铁

（2）中隆型垫铁的质量大，而且很容易控制在平面金属钣金件上，常用来使金属钣金件减薄和使薄的金属钣金件收缩，主要用来对车门内侧、发动机舱盖、挡泥板的平面和隆起面进行钣金修复。

中隆型垫铁

（3）足尖型垫铁用来收缩车门板、挡泥板裙板和汽车各种盖板，也可以用来在挡泥板的底部形成卷边和凸缘。该垫铁特别适合于粗加工金属钣金件，因为它的一个面非常平而另外一面微微隆起。

足尖型垫铁

2. 用焊接介子修整钣金件凹陷变形

（1）首先将需要修复的凹陷部位，用砂轮机将油漆层、锈蚀打磨干净。

（2）打开车身外形修复机电源，用配备的有三角片拉力锤的焊枪按在钣金件上，按住手柄开关，持续一段时间，即可将三角片拉力锤固定在钣金件凹陷部位。

（3）用三角片拉力锤往外拉，直至把该凹陷的部位复位。

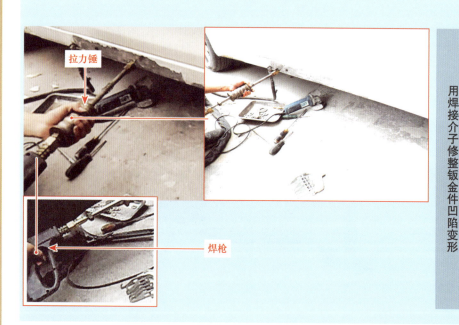

用焊接介子修整钣金件凹陷变形

第1章 车身钣金件修复技巧

（4）拧下三角片拉力锤，然后换一个位置重新拉拔，直到将钣金件凹陷修复为止，最后用砂轮机将焊痕打磨干净。

用砂轮机打磨干净焊痕

修整钣金件凹陷变形

3. 拉拔钣金件凹陷变形

首先在钣金件皱褶处钻出或冲出一个孔，然后将螺纹尖头勾住所钻的孔，用滑锤轻轻敲打手柄，慢慢把凹陷拉平。

拉拔钣金件凹陷变形

拉拔钣金件凹陷变形

> **相关知识**

凹陷拉拔器，即传统的惯性锤，通常带一个螺纹尖头和一个钩尖，一般情况下要求在皱褶处钻出或冲出一个或多个孔。拉拔时将螺纹尖头拧入或勾住所钻的孔，用滑锤轻轻敲打手柄，慢慢把凹陷拉平。

5

凹陷拉拔器

4. 用惯性锤修复钣金件凹陷变形

（1）用砂轮机将车身侧板表面的漆层磨掉，然后使用 CO_2（二氧化碳）气体保护焊焊接拉环。

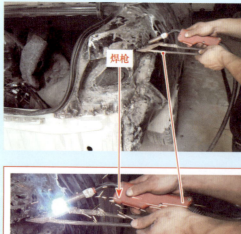

焊接拉环

焊接拉环

(2)用力拉一下拉环,确保焊接的拉环牢固,避免在拉拔时出现拉环突然掉落伤人的异常情况。

测试拉环的受力情况

(3)将螺纹尖头勾住拉环并将滑锤往下移动,然后向上快速移动滑锤敲打手柄,慢慢把钣金件凹陷变形的部位拉平。

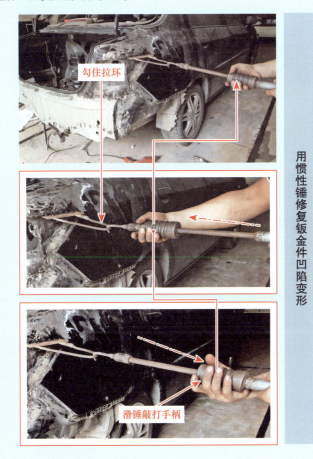

用惯性锤修复钣金件凹陷变形

用惯性锤修复钣金件凹陷变形

（4）起动砂轮机，然后用砂轮机将之前焊接拉环的焊缝切开，上下拨松拉环即可将其取下。

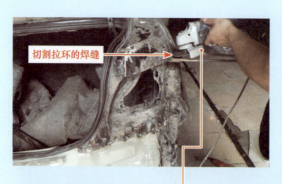

切割拉环的焊缝

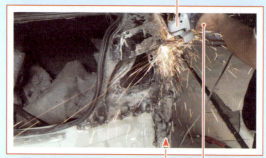

上下拨松拉环

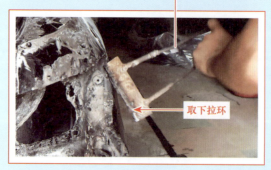

取下拉环

拆卸拉环

第 1 章 车身钣金件修复技巧

（5）用砂轮机将焊接拉环的焊痕打磨干净。

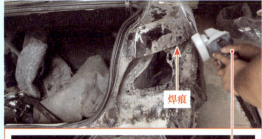

打磨拉环的焊痕

5. 支撑法修复钣金件变形

支撑法就是利用撑顶器对固定好的车身进行推压以矫正其变形的工作。如行李箱受撞击后下塌，造成行李箱两侧变形，行李箱盖不能闭合，此行李箱变形的重点在两侧的翼子板。用撑顶器顶在行李箱左上角和右下角之间，按压撑顶器手柄，使撑顶器两端连接杆伸长，随着撑顶器液压杆的伸长，行李箱右上角逐渐上升，翼子板也可逐渐复原。

支撑法修复钣金件变形

支撑法修复钣金件变形

相关知识

1. 撑顶器的作用及结构

撑顶器是一种轻便液压杆系统,它利用手摇液压泵提供压力能,通过液压驱动各种用途的液压缸,实现推、顶、扩等动作。在液压杆两端装上适当的连接杆,可以满足车身内部两点间矫正尺寸的需要。用于推压的各种情形的连接杆形状是不相同的。撑顶器主要由液压泵、手柄、高压软管、液压杆、泄压阀等部件以及各种端头的连接杆等组成。

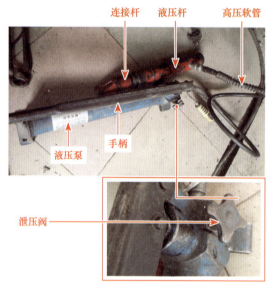

撑顶器结构

2. 撑顶器的使用方法

(1) 首先将合适的连接杆安装到液压杆上,然后将其两端放置于施力的支点。

(2) 将液压泵上的泄压阀拧紧。

拧紧泄压阀

（3）按压撑顶器手柄，使撑顶器两端连接杆伸长，随着撑顶器连接杆的伸长来矫正钣金件的变形，根据钣金变形的程度来控制连接杆伸长的长度即可。

（4）当不需要撑顶器时，拧开泄压阀，液压杆将会重新缩回到初始状态。

按压撑顶器手柄

按压撑顶器手柄

第 2 章　车身钣金件更换与修复

6. 更换后翼子板

（1）首先用卷尺按照要切割的尺寸在翼子板上画线，经观察比较确认无误后，用气动锯或砂轮机切割出一条标志线，然后沿着标志线进行切割。C柱上部切割位置一般选择在侧翼子板距离车顶 200mm 左右的地方，然后用点焊切割器去除焊点。

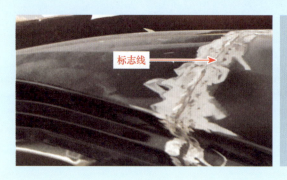

切割标志线

（2）在车门槛板靠近轮眉 100mm 左右的地方进行切割，切割的断口要比新件安装时的对缝多 20mm 左右的余量。然后分离后尾灯座，并移走旧翼子板。

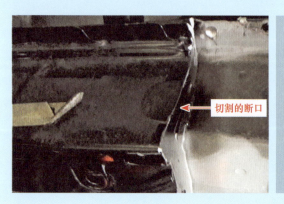

切割车门槛板

第 2 章 车身钣金件更换与修复

（3）用压力钳将后翼子板相邻构件的边缘夹紧，以使后翼子板在多处得到固定，并确保下面的结构尺寸应符合标准值：
1）左、右后翼子板之间距离。
2）行李箱锁处至后风窗下横梁距离。
3）左后门水平最大宽度。
4）左后门 C 柱下部拐点处至左后灯安装处距离。
5）左后门高度。

压力钳

夹紧后翼子板

（4）使用 CO_2 气体保护焊对门框外侧板连接处、后翼子板与内板连接处、后翼子板与行李箱盖边缘及顶框外侧板连接处、后翼子板与内外门槛连接处、后翼子板与后轮罩及连接板连接处、后翼子板与后围板连接处、后翼子板与后围板在行李箱内部连接处、后翼子板与尾灯底板连接处等部位进行焊接。

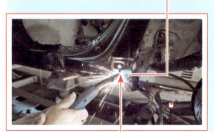
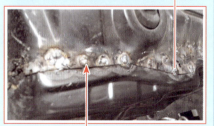

焊接门框外侧板连接处　　　后翼子板与后围板连接处

焊接后翼子板

焊接后翼子板

13

（5）用砂轮机将所有焊缝打磨平整，便于下一步的操作。

将焊缝打磨平整

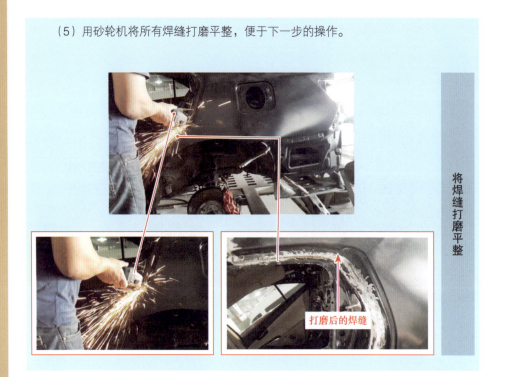
将焊缝打磨平整

▶▶▶ 相关知识

1. CO_2 气体保护焊相关知识

（1）CO_2 气体保护焊的结构与原理。CO_2 气体保护焊（简称 CO_2 焊）设备主要由 CO_2 气体瓶、焊丝盘及送丝结构、焊枪、软管、控制面板等部件组成。

CO_2 气体保护焊采用 CO_2 气体作为保护介质，焊接时，CO_2 气体通过焊枪的喷嘴，以焊丝为一电极，以焊件金属（焊件金属与搭铁线连接）为另一电极。焊丝与焊件接触发生短路，焊丝端部产生热熔，同时在焊丝与焊件间产生电弧，电弧热使焊丝端部继续热熔并在焊件上形成熔池。自动送给的焊丝与焊件再次发生短路并形成熔滴，如此反复，就将焊丝堆积成焊缝。此外，CO_2 气体沿焊丝周围喷射出来，在电弧周围形成气体保护层，将焊接电弧及熔池与空气隔离开来，从而避免了有害气体的侵入，保证焊接过程的稳定，以获得优质的焊缝。

第 2 章 车身钣金件更换与修复

CO_2 气体保护焊机的结构

CO_2 气体保护焊机的焊接原理

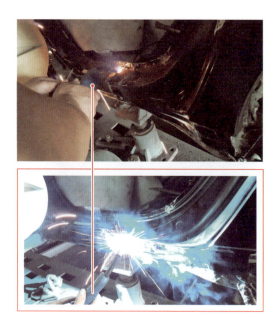

CO_2 气体保护焊机的焊接原理

（2）CO_2 气体保护焊机参数调整。

1）电弧电压调整。电弧电压是一个重要的参数调整指标，当电弧电压较大时，焊接飞溅物增多，喷嘴、导电嘴容易烧蚀；当电弧电压过低时，会出现噼啪响声或引弧困难；当电弧电压调整到适当的数值时，焊接部位将发出持续、平缓的"嘶嘶"声音。

电弧电压调整旋钮

2）送丝速度调整。送丝速度的快慢可以通过视觉、听觉和手感等进行感知，送丝速度较慢时，随着焊丝在熔池内熔化并熔敷在焊接部位，焊丝容易出现回烧现象，此时亮度增加，焊纹不亮。送丝速度较快时，握枪的手会有反冲力，焊丝不能充分熔化，飞溅增多，此时的视觉信号为频闪弧光。只有调到合适的送丝速度时，才会感觉焊接顺畅，焊接声音连贯，焊纹较亮。

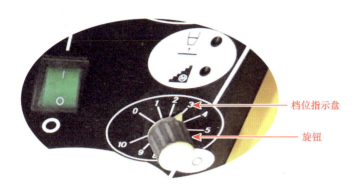

送丝速度调整旋钮

3) CO_2 气体的流量控制。CO_2 保护焊的保护气体流量应该适中，太小将起不到保护作用或保护效果较差，太大将形成涡流，同样也会降低保护效果。气体流量应根据喷嘴和焊接件之间的距离、焊接速度、焊接周围空气流动等情况进行调整。

4) 焊接速度控制。焊接速度应根据焊缝类型、焊接件厚度、焊接电压等因素做出相应调整，如果焊枪的移动速度较快，焊接熔沫和焊缝的宽度都会减小；如果焊枪的移动速度慢，则焊缝的宽度会相应增加。此外，焊接时的站姿和抓握焊枪的姿势一定要稳，否则也会影响焊接质量。

5) 喷嘴的调整及清洁。焊丝伸出喷嘴 4~7mm 为宜，而且应经常清洁喷嘴上的飞溅物，因为喷嘴为内外层结构，中间有绝缘层隔绝，如果焊接时的熔滴或飞溅物落入喷嘴，CO_2 气体将不容易流出，还会阻碍焊丝的送出，影响焊接质量。

(3) CO_2 气体保护焊的焊接形式。CO_2 气体保护焊的焊接形式主要有定位焊、连续焊、塞焊、点焊，具体方法如下：

1) 定位焊。定位焊是一种临时点焊，用于保持两待焊钣金件相对位置固定不变，以免发生位置偏移。定位焊的距离应根据钣金件厚度、形状、焊缝长度等情况而定。通常厚度越厚，面积越小，曲面越大，定位焊的距离就相对越远，反之就应该近一点。车身钣金件定位焊的跨度一般为 15~30mm。

2) 连续焊。连续焊也叫拖焊，是指焊枪缓慢、匀速稳定地向前运动，中间没有停顿电弧，从而形成一道连续焊缝的焊接方法。连续焊操作时应保持姿势稳定，焊枪通常倾斜 10°~15°，握焊枪的手均匀直线运行，这样可以清楚地观察熔池，从而得到高度和宽度一致的焊缝。

连续焊

3）塞焊。塞焊也称填孔焊，是指在外面的一块或若干块焊接件上钻孔，电弧穿过此孔，进入里面的焊接件，这个孔被熔化的金属填满并将焊接件焊接在一起。采用塞焊焊接不同厚度的焊接件时，应将较薄的焊接件放在上面，并在较薄的钣金件上冲出或钻出较大的孔，这样才能保证下部较厚的焊接件能首先熔化。

电钻钻孔

在焊接件上钻孔

塞焊方法

焊接件塞焊

4）点焊。点焊就是送丝定时脉冲被触发时，将电弧引入被焊的两块焊接件，使其局部熔化的一种焊接工艺。大多数 CO_2 保护焊机内部安装有定时器，在一次点焊后，便会自动切断送丝装置并关闭电弧，间隔一定时间后，才能重新进行下一次点焊，开关触发一次只能焊接一个焊点，因此无论将焊枪开关触发多长时间，都不起作用。但如果将触发器松开，然后再次起动，便可进行下一次点焊。

点焊

2. CO_2 气体保护焊塞焊在车身钣金修复中的应用

后翼子板与后轮罩及连接板连接处的焊接方法如下：

（1）在后翼子板与后轮罩及连接板连接处用压力钳将相邻构件的边缘夹紧。

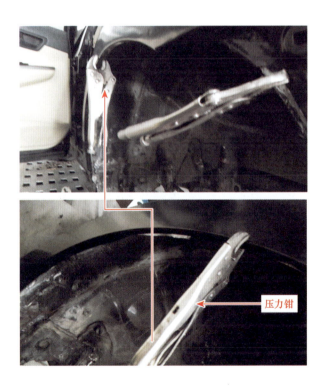

压力钳夹紧后翼子板与后轮罩

（2）将后翼子板与后轮罩两块金属板叠在一起，然后在后翼子板上用电钻钻一排小孔。

后翼子板上钻小孔

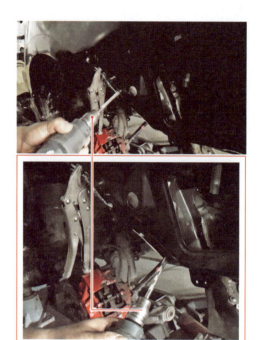

在后翼子板上钻小孔

（3）使用 CO_2 气体保护焊机进行塞焊。塞焊的操作就是将电弧穿过钻孔，进入里面的后轮罩钣金件，这个孔被熔化的金属填满并将后翼子板与后轮罩焊接在一起。

后翼子板与后轮罩焊接

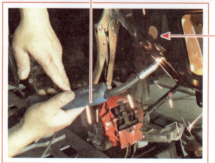

塞焊焊接后翼子板与后轮罩

（4）图为后翼子板与后轮罩塞焊后的效果，用砂轮机将焊点修整平整即可。

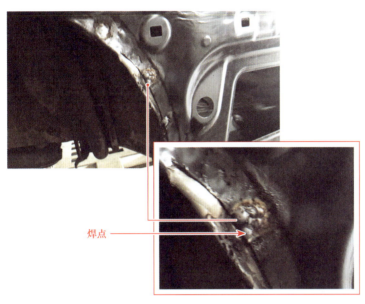

后翼子板与后轮罩塞焊效果

7. 更换后围板

（1）首先去除后围板连接区缝隙的密封剂，然后用电钻钻开后围板与后翼子板的连接处、后围板与后翼子板在行李箱内部的连接处，以及后围板与后地板、后纵梁及后翼子板连接处等部位的焊接点，拆下后围板。

（2）用砂轮机对后围板焊接处的表面进行打磨除锈，然后在焊接后不能再触及的部位涂一薄层防锈漆，防止金属钣金件发生锈蚀。

（3）将后围板固定在合适位置，必要时进行定位焊，然后检查后围板下板2个方孔中心距离以及左、右后翼子板之间距离，并检查行李箱盖与后围板的配合间隙，确保位置准确无误后方可进行焊接作业。

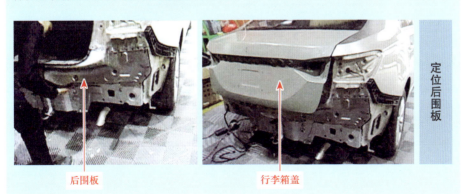

定位后围板

（4）使用 CO_2 气体保护焊焊接后围板与后地板、后纵梁、后翼子板连接处，以及后围板与后翼子板在行李箱内部的连接处、后围板与后翼子板在尾灯底板处的连接处等。

焊接后围板

（5）使用砂轮机将后围板焊缝打磨平整，打磨时要避免飞溅的火花灼伤人。

修整焊缝

修整后的焊缝

（6）使用双锤敲击法对后围板及其他部位进行修整，使其恢复原来的形状。

修整后围板及其他部位

（7）在焊接连接的部位涂抹一层密封剂，然后在后围板外层涂防锈剂。

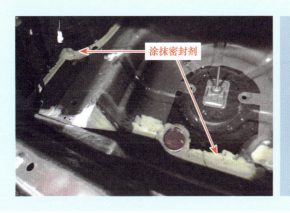

防腐处理

8. 车门槛凹陷的修复

（1）首先将砂轮机倾斜一定角度，轻轻放于车门槛凹陷部位，将凹陷部位的旧漆层磨除。

打磨车门槛凹陷部位

(2)利用车身外形修复机将波纹线与车门槛凹陷接触,然后垂直进行焊接,焊接的波纹线应按照与预拉拔相同的角度进行焊接。

焊接波纹线

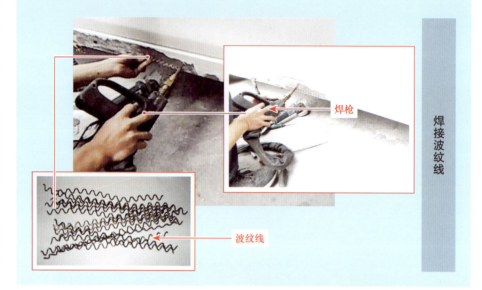

焊枪

波纹线

焊接波纹线

(3)安装上拉拔器的拉钩,然后将拉拔器的拉钩勾住波纹线,根据损伤程度来控制力量的大小进行拉拔。拉拔时力量太小,起不到应有的效果,力量过大往往会造成凸起点较高,对后期的修平造成一定的难度。

拉拔车门槛

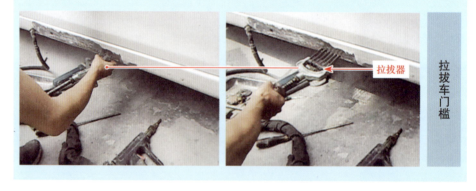

拉拔器

拉拔车门槛

(4)使用手钳将波纹线从车门槛上取下,不要采取两边晃动的方法,否则将会导致车门槛变形。

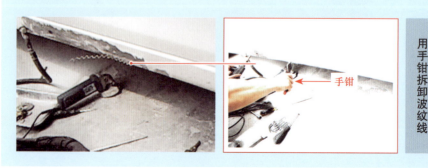

手钳

用手钳拆卸波纹线

第 2 章　车身钣金件更换与修复

（5）使用砂轮机磨除焊接后留下的痕迹，然后检查车门槛是否平整。如果拉拨使车门槛凸起，则应用锤子将车门槛凸起的部位敲击平整。

去除焊痕

>>> 相关知识

1. 车身外形修复机结构

车身外形修复机又叫整形机（俗称介子机），它是汽车车身覆盖件专修设备，它可以对焊接垫圈、焊钉、螺柱、星形焊片等进行拉伸操作，还可以使用铜触头和碳棒进行收缩操作。

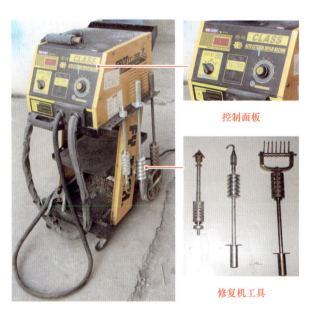

车身外形修复机结构

2. 车身外形修复机操作方法

（1）首先用打磨机将需要修复的凹陷部位的油漆、锈蚀打磨干净。

（2）把搭铁线连接到离损伤部件较近的地方。

（3）状态选择开关选择"自动"，时间调节器调到 0.2 ~ 0.4s，电流调节器调至 B 档或 C 档，时间及电流调节视板厚而定。

（4）打开电源，在配备的介质夹头上夹好垫圈，按在金属板上，按住手柄开关，待时间到达后，即可焊好一个垫圈。

（5）用拉力锤钩住垫圈往外敲打，直至把凹陷的部位修复。当损伤为沟槽型时可使用波纹线及波纹线焊接枪头焊接，再用爪式拉具向外拉拔。也可以将垫圈焊成一条直线，在孔中穿上铁棒，用牵引工具向外拉拔进行拉伸修复。

（6）完成后需要拆除使用过的垫圈，用介质夹头夹住垫圈，左右拧就可以轻松拆下来。

（7）拉伸修复操作完成后，在盘式打磨机上装上打磨纸，轻轻将凹凸面磨平。

（8）最后对金属板上去除涂层的部分进行防腐处理，注意金属板上焊点的反面和搭铁都要进行处理。

9. 铝车身钣金件修复

对于铝质车身的凹陷部位可以采取拉拔法来修复，拉拔时要根据受力点和方向及损坏的程度来判断出力的大小，不要使其每次升起得太多，以避免过度拉伸铝材。

（1）首先使用砂轮机将铝车身钣金件的损坏部位的油漆层打磨干净，然后使用强力铆钉枪将铆钉焊接在凹陷部位，并在铆钉中穿入一根铁丝或等同的工具，再将强力拉拔工具安装到铝质车身的凹陷部位。

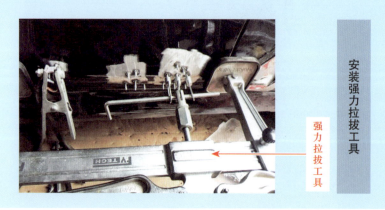

安装强力拉拔工具

第 2 章 车身钣金件更换与修复

（2）拉拔时要一点点地拉出，同时一边使用热风枪加热损坏部位，一边慢慢操作拉拔器将凹陷拉拔复位。如果拉起了凸点，则使用锤子敲击平整。

相关知识

铝车身钣金件的修复与传统钢质车身修复有很大的区别，钣金工不仅对铝材的特性要非常了解，还要对铝质车身的修复工艺、连接方式与接口形式、粘接剂与铆接工具等性能了如指掌。因为钢质车身的接缝处一般采用焊接方式，而铝质车身的连接处多采用粘接或粘接、铆接共用的连接方式。

在进行铝质车身修复时，不仅要使用带有定位夹具的校整架，还要有专用的铝焊机、铝整形机、强力铆钉枪、铆钉取出器、强力拉拔工具等设备和工具。

强力拉拔工具采用简单的顶拉原理，配有多种支脚，可根据不同位置进行组合，方便拉拔。它可以任意调节拉拔幅度，具有锁止功能，方便同时进行其他动作，而且拉拔力量够强，可满足车身外钣金件快速拉拔维修的需求。

强力拉拔工具操作方法

10. 后尾灯灯座的修复

（1）首先使用锤子根据后尾灯灯座的形状进行缓慢的敲击，使后尾灯灯座一步步恢复原来的形状。敲击时用手轻松握住锤子手柄的端部，锤柄下面的大拇指和中指应适当放松；小指和无名指则应相对紧一些，使之形成一个支点；食指用于控制锤柄向下运动的力度，依靠手腕的动作来挥动锤子，并利用锤子敲击钣金件时产生的回弹力沿一个圆形的运动轨迹来敲击。挥动锤子的幅度要根据受力的情况来掌握，如果需要敲击力度大，则挥动锤子的幅度变大；如果需要敲击力度小，则挥动锤子的幅度变小。

敲击后尾灯灯座

敲击后尾灯灯座

（2）使用 CO_2 气体保护焊对后尾灯灯座与后翼子板的裂开部位进行定位焊接。

后尾灯灯座与后翼子板的裂纹定位

后尾灯灯座与后翼子板的裂纹定位

（3）用一把铁锤将后翼子板与后尾灯灯座的裂纹压住，然后从行李箱内敲击整平裂纹。

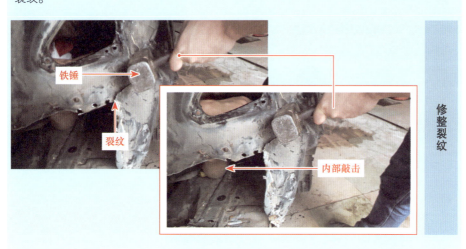

（4）一名助手用力将后尾灯灯座与后翼子板的裂纹矫正到最小位置，钣金工使用CO_2气体保护焊继续将后尾灯灯座与后翼子板的裂开部位焊接牢固。

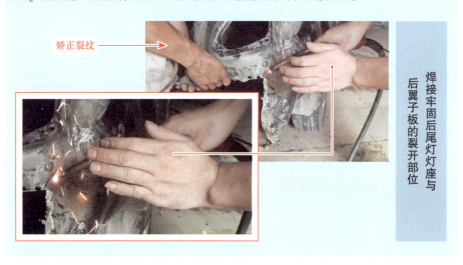

（5）使用钳子将行李箱密封条安装钣金边一点一点地夹紧矫正。

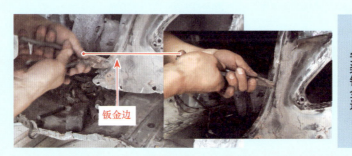

矫正行李箱密封条安装边沿

（6）使用一把锤子垫住李箱密封条安装钣金边，用另一把锤子缓慢地敲击修复行李箱密封条安装槽的变形。

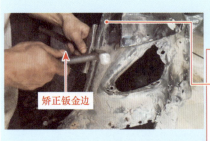
矫正钣金边

修复行李箱密封条安装槽

（7）关上行李箱盖，然后检查行李箱盖与后尾灯灯座之间的配合间隙，如果没有恢复原来的形状，则需要重复矫正，直到完全恢复原来的形状为止。

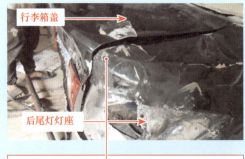
行李箱盖
后尾灯灯座

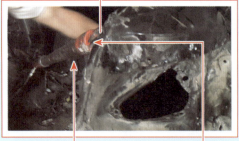
用撑顶器将后尾灯灯座向右边顶出

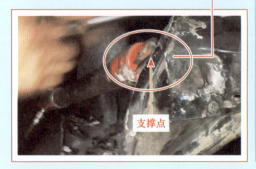
支撑点

检查行李箱盖与后尾灯灯座之间的配合间隙

11. 车身侧板的修复

（1）首先分析车身侧板（如右后翼子板）的损坏程度，然后确定修复方案。以下介绍车身侧板变形拉复修复的方法。

车身侧板变形

（2）用砂轮机将车身侧板表面的漆层磨掉，主要目的是便于焊接拉环。

打磨掉车身侧板表面漆层

用砂轮机打磨漆层

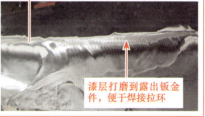

漆层打磨到露出钣金件，便于焊接拉环

打磨掉焊接拉环位置的漆层

（3）使用 CO_2 气体保护焊焊接上拉环，然后用手拉拽拉环测试它是否牢固，避免在拉伸时拉环瞬间从焊接点的位置脱落而造成意外的人身伤害。

焊接拉环

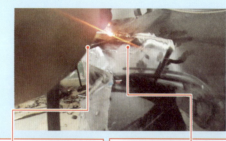

正在焊接拉环

焊接好的拉环

焊接拉环

（4）首先用手拉葫芦的拉钩勾住拉环，同时尽量让拉钩和拉链及手拉葫芦保持平衡。

拉链

拉环　　拉钩

拉钩勾住拉环

（5）用支撑钢铁将车身支撑牢固，然后慢慢拉动手拉葫芦让其矫正车身侧板，拉伸时要一点一点地拉，避免拉伸过度造成其他部位变形。

矫正车身侧板

（6）矫正后用锤子敲击车身侧板使其消除应力，避免松开手拉葫芦后变形复位。

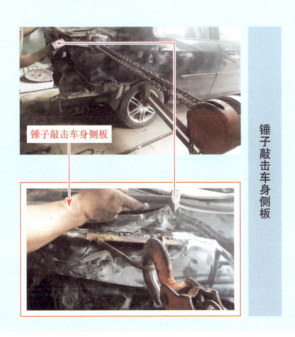

锤子敲击车身侧板

（7）反向拉动手动葫芦拉链，然后松开手拉葫芦，最后将拉钩取下并卸掉拉环即可。

松开手拉葫芦

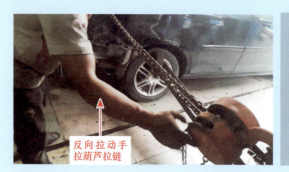

松开手拉葫芦

反向拉动手拉葫芦拉链

相关知识

手拉葫芦又叫手动葫芦，是一种使用简单、携带方便的手动起重机械，也称"环链葫芦"，它适用于小型汽车修理厂作为矫正设备。手拉葫芦的外壳材质是优质合金钢，坚固耐磨，安全性能高。手拉葫芦拉升时，顺时针拽动手动链条、链轮转动；松开时逆时针拽动手拉链条，制动座与制动片分离，棘轮在棘爪的作用下静止，五齿长轴带动起重链轮反方向运行，从而平稳松开。

手拉葫芦的结构

12. 车门槛的挖补修复

(1) 首先确定门槛的损坏部位及程度，然后使用砂轮机切割掉车门槛损坏或变形的部位，再用砂轮机将切口打磨平整。确定切割范围的具体原则为：

1) 在确保有效去除损坏部位的前提下，切割范围尽可能缩小，以减少焊接变形。

2) 在切割部位的切除线之间，避免有尖角存在，应以圆弧曲线过渡，防止尖角处应力集中，导致裂纹产生。

3) 为方便焊接及矫正，切除部位的切除线应避开加强板，若无法避开加强板，则须扩大挖补范围。

4) 在条件许可时，确定切割部位应考虑焊接、矫正的方便性。

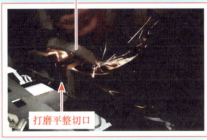

切割车门槛损坏部位

打磨平整切口

(2) 用直角尺测量车门槛切口的大小，从而确定镶补件的大小。

测量车门槛切口的大小

测量车门槛切口的大小

（3）使用直角尺测量下料件的长度。

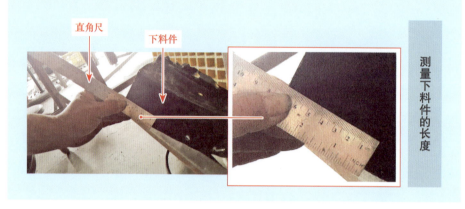

测量下料件的长度

（4）用砂轮机在下料件的测量位置小心地切割2个划线标记。

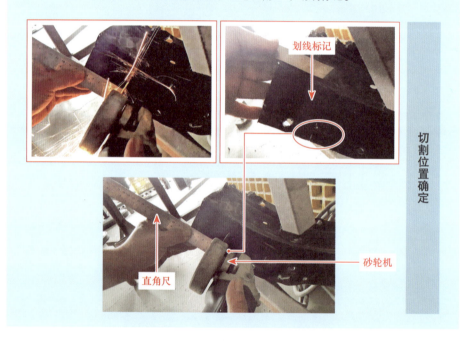

切割位置确定

下料件位置确定

（5）用砂轮机沿着切割划线将下料件切下。

切割下料件

切割下料件

第 2 章　车身钣金件更换与修复

（6）将下料件加工成切口大小的镶补件，使之与切口表面形状完全吻合。当镶补件部位的边缘有折边或卷边时，先制作所需的几何形状，再折边或卷边。

制作镶补件

制作镶补件

（7）将镶补件贴靠在切割部位，确保镶补件与切口之间的间隙不大于 1mm，避免焊接时焊缝过大。

镶补件对位

（8）在对接好的缝口按 30mm 左右的间距进行定位焊接镶补件。

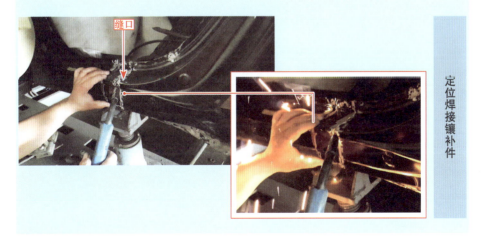

定位焊接镶补件

定位焊接镶补件

37

（9）使用锤子敲击整平镶补件，使其与车门槛平整。

敲击整平镶补件

敲击整平

（10）按顺次施焊，施焊时焊接方向由内向外、从右向左，分段进行焊接。焊接优先采用 CO_2 气体保护焊。

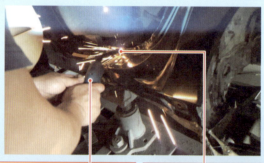

焊接镶补件

焊接左边缝口

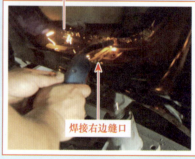

焊接右边缝口

焊接镶补件

第 2 章 车身钣金件更换与修复

（11）用钣金锤敲击整平焊缝，以消除焊缝及四周的焊接应力，最后用砂轮机按照规定的操作程序磨平镶补件。

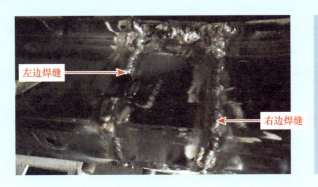

相关知识

由于车身钣金件油漆的脱落或水滴的浸蚀，车身的钣金件容易产生锈蚀。对于车身锈蚀的修复一般首先用砂轮机（或砂纸）将损坏部位的漆面除掉，再根据损坏程度决定是更换整块钣金件还是修复损坏部分。如果损坏比较严重，最好进行整块更换；如果损坏较轻，还没有腐蚀穿钣金件，则需将该部位的锈蚀打磨掉，然后进行防锈处理，再刮涂原子灰修复即可。

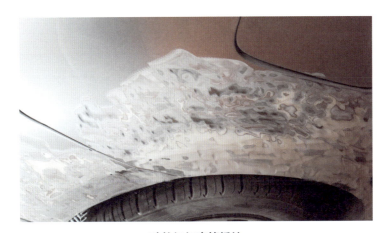

砂轮机打磨掉锈蚀

如果已腐蚀穿钣金件，则使用砂轮机将锈蚀部位挖去，然后用一块镶补件焊接上去修复，即运用挖补技术修复车身锈蚀。

挖去锈蚀部位

13. 后轮罩的修复

（1）首先用压力钳将后轮罩内的钣金件与周围的钣金件夹紧。

压力钳夹紧后轮罩内的钣金件

压力钳夹紧后轮罩内的钣金件

（2）用垫铁和锤子将后轮罩内的钣金件矫正。

矫正后轮罩内的钣金件

（3）采用 CO_2 气体保护焊将后轮罩内的钣金件裂纹焊接完整。

焊接后轮罩内的钣金件

（4）采用 CO_2 气体保护焊将后轮罩内的钣金件与后翼子板焊接在一起。

焊接后轮罩内的钣金件与后翼子板

（5）用砂轮机将后轮罩内的钣金件焊缝打磨光滑，然后涂抹上一层防锈漆。

打磨后轮罩内的钣金件焊缝

打磨后轮罩内的钣金件焊缝

相关知识

1. 压力钳

压力钳主要用于夹持钣金件进行焊接、磨削等加工，其特点是钳口可以锁紧并产生很大的夹紧力，使被夹紧钣金件不会松脱，而且钳口有很多档调节位置，可应用于不同厚度的钣金件。

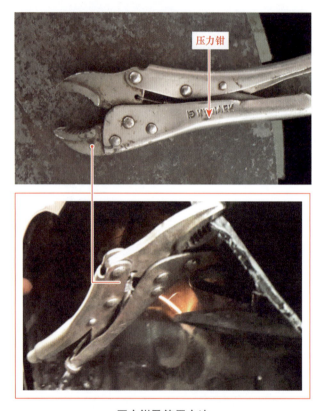

压力钳及使用方法

2. 砂轮机

砂轮机主要用来磨削或切割钣金件或塑料件，发动机舱盖、翼子板及车身覆盖件等经过焊修的焊缝，可用砂轮机磨削平整。砂轮机主要有电动和气动两种，修理厂使用最多的是电动砂轮机。使用砂轮机的注意事项如下：

（1）使用砂轮机前，首先应检查砂轮片有无裂纹和破碎、砂轮片是否安装牢固、护罩是否完好、砂轮机的电源线束及插头是否破损等异常情况。

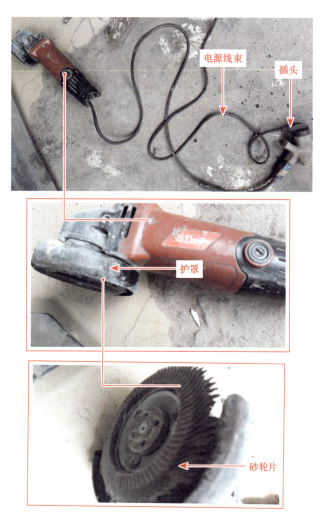

砂轮机结构

(2) 磨削过程中,人不要站在出屑的方向,以防切屑飞出伤害人眼或砂轮飞出伤人。

(3) 磨削薄钣金件时,砂轮应轻轻接触钣金件,不能用力过猛,并密切注意磨削部位,以防磨穿。

(4) 使用砂轮机应轻拿轻放,用后应及时切断电源或气源,妥善放置,并清理好工作场地。

砂轮机的使用方法

第 3 章 车身矫正修复

14. 车身前部碰撞损坏的矫正

（1）首先安装上台架式矫正仪平台的斜桥，然后控制脚踏气动油泵匀速下降矫正仪平台。

（2）将汽车驶上或推上平台，然后撤掉上车斜桥，拉紧汽车驻车制动器，并将车轮固定，使汽车停稳在矫正仪平台上。

（3）控制脚踏气动油泵升起平台，直到台架式矫正仪平台处于平面位置，然后将斜桥撤去。注意：要保证汽车的重心位于台架式矫正仪平台的中间部位，因为汽车重心偏离中间部位将会导致汽车侧翻，造成安全隐患。

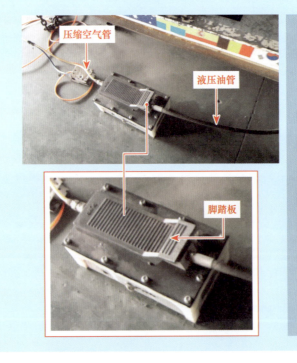

（4）根据汽车损坏的部位，将汽车沿工作台纵向移动，使损坏部位放置在工作台面内，以便于矫正操作。

(5) 对车身进行固定至少要固定 4 个位置，根据车身的结构和拉伸矫正的需要，有时还要增加更多的固定点。

车身固定点一般在门槛板上，采用 4 个车身固定夹具，夹具的下部与台架横梁固定，上端则通过夹板、螺栓与车身门槛下边缘牢固地连接在一起。

车身固定

为了适应不同的车身宽度，一般固定架还可以沿车身的宽度方向水平滑动。如果车身的宽度与台架的差距较大，也可以借助贯通的中间轴或拉臂通过链条将车身固定在台架上。

固定在台架中间轴或拉臂将车身

(6) 首先把拉塔和链条移动到车身损坏的部位，然后将链条与车身前部碰撞位置固定连接好，调整拉伸环在合适高度按与撞击相反的方向拉拔损坏侧的纵梁或钣金件，然后修复侧翼子板内加强板和纵梁，再修复损坏侧的翼子板内加强板和纵梁的安装部位。

修理过程中，应不断地测量车身前部对角线长度，并校准距离。此外，可同时拉拔纵梁与翼子板内加强板上部的加强件。如果修理侧的纵梁朝外侧偏斜，则应朝前转一角度拉拔，同时要注意监测对角线的变化；如果修理侧的纵梁朝内侧偏斜，则应直接向前拉拔;如果修理侧的纵梁损伤严重,则应在对角线长度正确的位置把横梁和散热器上固定板拆开,分别进行修理。

拉塔及链条

▶▶ 相关知识

1. 台架式矫正仪

(1)作用。台架式矫正仪牵引拉塔可沿工作台轨道作360°旋转,所以台架式矫正仪可以同时进行任意方向的矫正作业。台架式矫正仪不仅可以方便地固定车身,还可以进行作业前的检测、矫正过程中参数的校核、竣工验收的质量评价等测量工作,所以矫正操作过程中位移误差相对比较小。

(2)结构。台架式矫正仪主要由平台、拉塔、脚踏气动油泵、钣金夹具四部分构成。

1)平台是汽车进行矫正停泊固定的地方,一般长5~6.5m,宽2~2.5m,高50cm。此外,还有两个斜桥,斜桥的主要作用是方便汽车的上下。

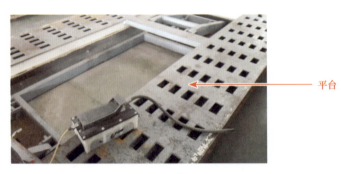

平台

2)拉塔的主要作用是用力矫正的活动臂,一般为圆形。拉塔一般有2个,可以沿工作台轨道360°无死角转动。

第 3 章　车身矫正修复

拉塔

3）脚踏气动油泵的主要作用是给拉塔提供动力。拉塔的动力源有两种，一种是气动泵，一种是电动泵，最常用的是气动泵。

脚踏气动油泵

4）钣金夹具是用来矫正车辆变形部位的，一般针对不同的部位需要采用不同的钣金夹具来对车身进行修理，包括车身固定夹具等。

车身固定夹具

(3) 台架式矫正仪操作注意事项。

1）进入工作区要穿戴好工作服、手套，不准穿拖鞋。

2）设备操作前应清理场地，平台及周边不能堆放杂物，整理油、气管路，

47

防止操作时挤压管路。

3）检查油、气管路各接头是否连接好，管路是否有破损，如有破损要及时更换，严禁再用。

4）检查拉塔滚动滑轮固定螺栓是否松动，必须及时拧紧，以免拉塔滑落造成人员物品损伤。

5）设备使用完毕后，清理场地。钣金工具、量具、夹具等物品要擦拭干净后整齐有序地放在工具车上。

2. 地框式矫正设备

地框式矫正设备是利用地锚固定车身的底板纵梁和车架来矫正车身。使用时，用车身固定器来夹持车身某一部位，且其底座又能用螺栓固定在地板导轨上，使整个车身处于固定位置。

地框式矫正设备

安装时先用千斤顶将车身支起，使轮胎脱离地面，然后在车身特定的位置安装固定支架并将此处夹紧；再将支架底部移动到底架系统适当位置，初步安放地脚螺栓；在车身的四个支点均已夹紧且高度调节合适之后，将所有地脚螺栓拧紧。这样，整个车身就被固定夹持住了。汽车固定好后，就可以沿任意方向、绕车身360°进行牵拉。

拉拔时固定点与地面存在高度差，因此在进行水平方向的矫正时，拉链受力后将产生一个向下垂直分力。拉链与地面的夹角越大（拉链短），则垂直分力也越大；反之，拉链与地面的夹角越小（拉链长），则垂直分力变小。除非是较小的车身变形，否则都要拆除汽车底盘的悬架装置，改用可靠的刚性支撑。

15. 车身后部碰撞损坏的矫正

（1）首先将夹持器或挂钩固定在后纵梁、行李箱地板或后翼子板的后部，然后边拉拔边对车身下部每个尺寸进行检测。在后纵梁被挤进轮罩或者后门缝有变形的情况下，不要夹持及拉拔变形不大或未出现变形的翼子板，应只对纵梁进行拉拔，以此消除翼子板内的变形应力。

拉拔后翼子板的后部

（2）对于后部碰撞造成行李箱变形的，可以使用撑顶器的边撑顶边测量行李箱的每个尺寸，直到将其矫正为止。操作时，首先将撑顶器的连接杆固定在两边的支点上，然后按压手柄使液压杆伸长来矫正行李箱的变形。

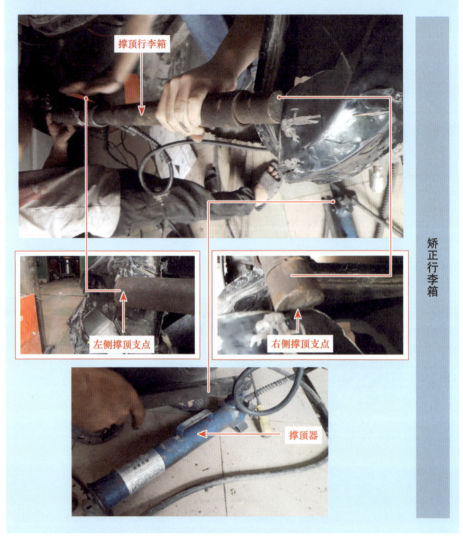

矫正行李箱

16. 车身侧面碰撞损坏的矫正

如果碰撞程度较轻，造成车身外侧板凹陷，则对侧面进行拉拨修复。但如果碰撞严重，会导致车门、门中立柱、车顶等发生变形，使前、后车身偏移，则需要针对每个部位进行慢慢拉拨修复。在拉拨时，要根据车身的结构和拉伸矫正的需要来确定固定点。为使拉伸矫正时的车身更加稳固、防止车身变形，有时需要另外再找出几处车身固定点。

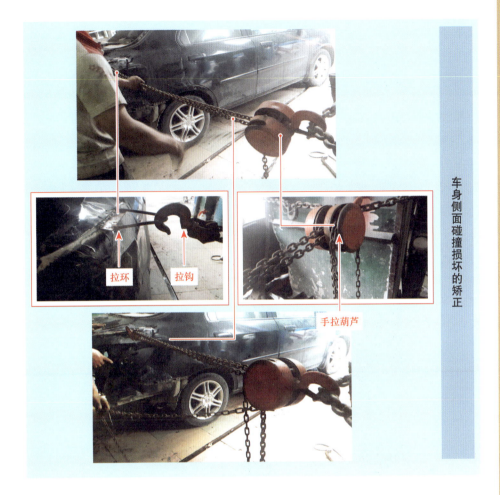

车身侧面碰撞损坏的矫正

17. 汽车大梁碰撞损坏的矫正

（1）将汽车固定到移动式矫正平台上。

汽车固定到移动式矫正平台

（2）调整汽车水平位置并安装拉链。

（3）根据受力情况进行拉伸并随时调整方向，直到拉回原来位置，最后进行整平即可。

▶▶▶ 相关知识

移动式车身矫正仪是一套能对轿车或其他轻型车辆的车架、车身的损坏变形部位，进行边拉拔、边测量、边加热，使其恢复原有规格尺寸的设备。移动式车身矫正仪主要操作步骤如下：

（1）根据所修车辆的车架结构尺寸，准备好相应的夹具和测量接头，并确定安装基准位置。

（2）将车辆冲洗干净后，置于整形平台基架上，用整形平台的夹固钳夹住车身的底梁边缘，紧固螺栓，使之固定在整形平台上。此时应尽可能使车辆的中心线与整形平台中心线保持一致。

（3）目测判断车身（车架）变形的部位及大小，在其未变形的部位，至少选择三个相距较远的点来确定车辆的中心线位置。

（4）将测量桥置于整形平台基架上，使其中心线与车身（车架）中心线对齐。

（5）根据车架的宽度，选择相应量程的测量滑座置于测量桥上，并锁止在变形部位所对应的位置上，再将套管插入滑座的插孔之中，接上相应的测量接头。

（6）将测量接头与变形部位相接，读出此时测量桥滑座、套管上所示的读数，将其与所修车辆的规格参数相比，即可确定出测量点在长、宽、高三个方向上的变形大小。

（7）将拉力矫正器固定在基架的边框上，用链条将需矫正的部位与悬臂梁相连，起动液压缸，通过柱塞推动悬臂梁拉动链条就可将凹陷变形部位拉伸恢复到原有尺寸。

移动式车身矫正仪

第4章 车身塑料件及内饰损坏的修理

18. 保险杠破损的修复

（1）首先观察确定保险杠破裂程度，然后确定修理方法。

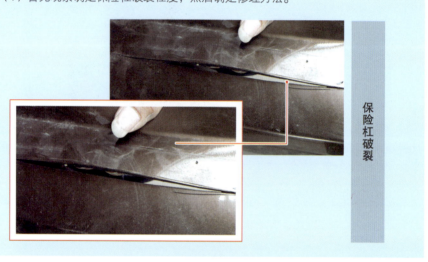

保险杠破裂

（2）将塑料焊枪插上电源，然后打开塑料焊枪电源开关，预热塑料焊枪。

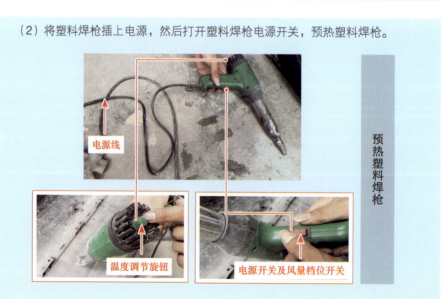

电源线

温度调节旋钮

电源开关及风量档位开关

预热塑料焊枪

预热塑料焊枪

（3）将保险杠的背面翻过来，然后用塑料焊枪进行热矫正，同时用塑料焊枪的焊嘴将裂缝修整成 V 形坡口。

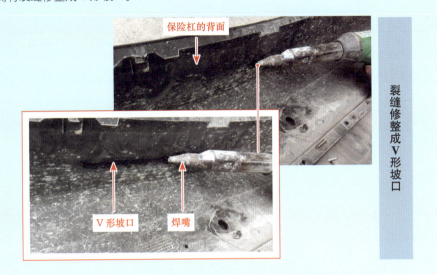

裂缝修整成 V 形坡口

（4）用塑料焊枪加热塑料焊条，然后将塑料焊条垂直于塑料件，置于焊缝起点，同时将焊条压进焊缝中，通过加热来焊接焊缝。

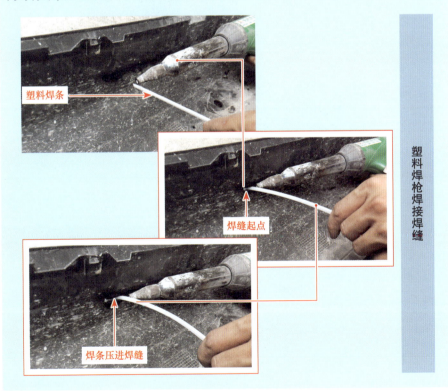

塑料焊枪焊接焊缝

（5）继续焊接塑料保险杠，直到焊接结束。

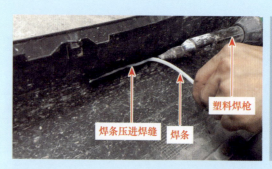

继续焊接塑料保险杠

（6）为了增加保险杠裂缝的硬度，用塑料焊枪对塑料保险杠裂缝进行横向焊接，焊缝间隔以 2~3cm 为宜。

横向焊接

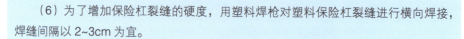

横向焊接

（7）当塑料保险杠背面焊接完成后，将塑料保险杠翻回正面，然后用砂轮机将塑料保险杠裂缝的漆层打磨干净。

砂轮机打磨裂缝的漆层

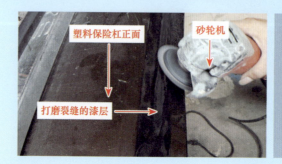

砂轮机打磨裂缝的漆层

(8）用塑料焊枪沿着塑料保险杠的裂缝位置修整成 V 形坡口。

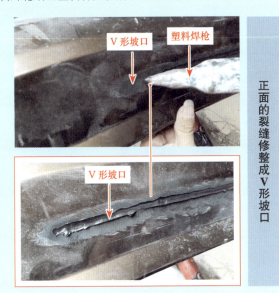

正面的裂缝修整成 V 形坡口

正面的裂缝修整成 V 形坡口

(9）用塑料焊枪加热塑料焊条，然后将塑料焊条垂直于塑料件置于焊缝起点，同时将焊条压进焊缝中，通过加热来焊接，直到焊接结束。

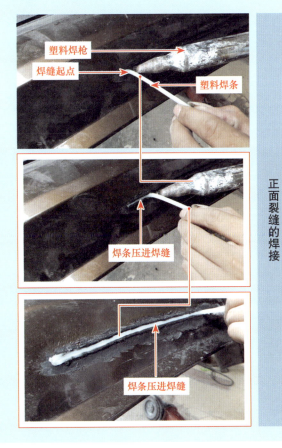

正面裂缝的焊接

正面裂缝的焊接

（10）焊接后冷却固化 30min 左右，然后用砂轮机将焊条打磨平整。

砂轮机打磨焊条

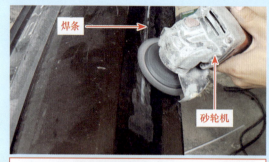

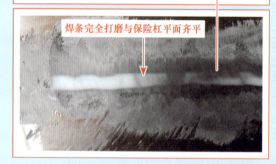

砂轮机打磨焊条

（11）用砂纸将焊接部位磨出羽状边，为刮原子灰做准备。

磨出羽状边

磨出羽状边

第4章 车身塑料件及内饰损坏的修理

>>> 相关知识

1. 塑料焊枪原理

塑料件焊接采用塑料焊枪，它采用陶瓷或不锈钢电热元件来产生热风，热风的温度为230~340℃。热风通过焊嘴吹到塑料件及焊条上，使其软化，将加热后熔化的塑料焊条压入焊缝即可。在焊接过程中，由于塑料件的收缩量比金属钣金件大，应多留焊接余量。

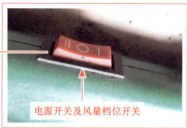

电源开关及风量档位开关

塑料焊枪

2. 塑料焊枪的焊接方法

（1）将温度调到230~340℃之间。

温度调节旋钮

塑料焊枪温度调节

（2）焊接开始时，焊嘴与塑料件表面平行，焊嘴与焊缝接近。焊条垂直于塑料件（倾角为90°），焊条置于焊缝起点，同时将焊条压进V形焊缝坡口，通过加热量来调节熔化速度。

（3）正常焊接阶段，一只手向焊条施加压力，同时用塑料焊枪的热量把焊条和塑料件加热，并使之保持适当的平衡。

（4）当需要另接一根焊条时，应在焊条尚未过短而不够连接之前即停止焊接。随后将焊条和塑料件接合处快速切断。新焊条也切成60°斜面，以保持接合处平滑过渡。

59

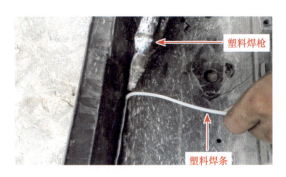

塑料焊枪的焊接过程

（5）焊接结束时用塑料焊枪将塑料焊条快速熔断，然后将塑料焊枪置于焊缝终点，通过加热来将塑料焊条的终点压进焊缝中即可结束焊接。

焊接结束

3. 塑料焊枪使用注意事项

（1）操作前检查塑料焊枪焊嘴及枪身螺钉是否松动或脱落，电源线是否完好，然后将塑料焊枪接到220V的电源上。

（2）使用塑料焊枪时必须轻拿轻放，以免碰坏焊枪内的耐热陶瓷条。

（3）焊接过程中注意焊嘴和枪头部位不要过于靠近人体、衣物以及塑料焊枪电源线，以免烫伤和烧熔电源线。

（4）严禁把塑料焊枪用作电吹风等其他用途。

（5）必须根据塑料件的厚薄和塑料焊枪的功率大小，随时调节工作温度，确保在230~340℃之间，严禁将塑料焊枪管烧得过热。

（6）焊接过程中，如塑料焊枪出现异响等现象，应立即关闭或切断电源。

（7）焊接完毕时，必须按照正确的操作顺序进行关闭。把塑料焊枪轻放于工作台上，避免枪头与塑料件及电源线接触。将温度调节旋钮调到零位，保持足够的冷却时间，以免损坏塑料焊枪。

（8）待塑料焊枪冷却后切断电源，清扫工作场地，把所有的工具及材料放好。

19. 塑料件孔洞的修复

（1）首先用清水冲洗干净塑料件损坏的部位，然后用热风枪加热塑料件使其恢复粘接性能。

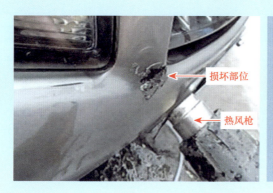

（2）一只手拿住热风枪继续加热塑料件的损坏部位，另一只手用一字螺钉旋具的手柄压住塑料件的损坏部位，让它们粘接在一起。

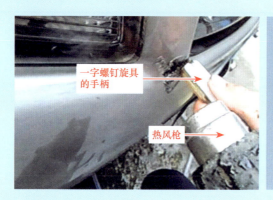

（3）用一字螺钉旋具的手柄继续固定住塑料件的损坏部位，待粘接部位硬化后即可松开。

塑料件的粘接及冷却固化

（4）当塑料件损坏部位粘接牢固后，立即用自来水进行冷却，使塑料件恢复原来的塑性。

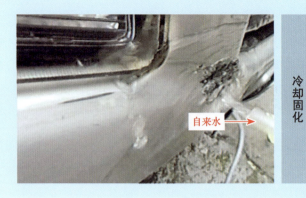

冷却固化

（5）用砂轮机打磨塑料件损坏部位，使其平整，注意打磨的面积不要过大，避免伤到车身其他漆面。

打磨损坏部位

打磨损坏部位

（6）使用打磨块和粗砂纸对塑料件损坏部位进行水磨，使其表面变光滑。

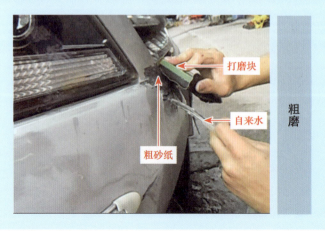

粗磨

第4章 车身塑料件及内饰损坏的修理

（7）使用细砂纸对塑料件损坏部位继续进行水磨，使其更加光滑。

细磨

（8）用手触摸塑料件损坏部位，如感觉光滑，则用原子灰进行填补，否则应继续进行细磨，直到光滑为止。

检查光滑度

用砂纸进行水磨

20. 塑料件擦伤的修复

（1）如果塑料件擦伤比较浅，则需要用砂纸将擦伤表面的漆层打磨光滑，之后将擦伤表面擦洗干净，再进行喷色漆即可修复。

用砂纸打磨塑料件表面

用砂纸打磨塑料件表面

63

（2）如果擦伤位置比较深，则需要刮涂原子灰并进行水磨，原子灰干透硬化以后进行表面喷色漆即可。

21. 仪表台刮痕修复

（1）首先根据损伤位置确定修复方案。

（2）用砂纸将损伤表面的喷涂层打磨干净，然后将划痕部位清洁干净。

(3) 在打磨后的划痕表面涂一层修补膏，待修补膏干透硬化以后，将修补膏打磨平整，然后进行表面喷涂色漆。

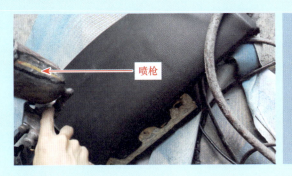

表面喷涂色漆

(4) 使用抛光剂将仪表台的损伤部位抛光即可恢复原状。

修复后的仪表台

22. 内饰板的修复

(1) 首先使用热风枪加热内饰板的刮痕或起皮的部位，使其恢复原来的状态。

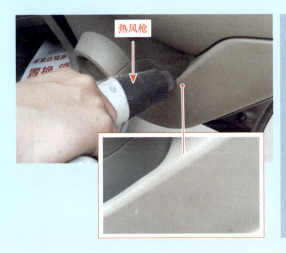

修复内饰板的刮痕或起皮的部位

修复内饰板的刮痕

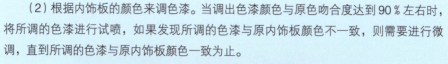

（2）根据内饰板的颜色来调色漆。当调出色漆颜色与原色吻合度达到90%左右时，将所调的色漆进行试喷，如果发现所调的色漆与原内饰板颜色不一致，则需要进行微调，直到所调的色漆与原内饰板颜色一致为止。

调色漆

调色漆

（3）用喷枪来回均匀地喷上色漆，使其遮盖住整个内饰板的表面。操作时一只手拿喷枪，另一只手拿一块遮蔽纸，避免喷色漆时色漆飞溅到其他部位，造成清洁困难。

给内饰板喷色漆

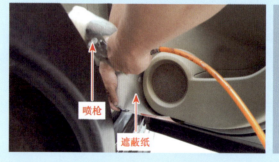

给内饰板喷色漆

（4）待色漆干燥后，内饰板恢复原来的状态。

色漆干燥后效果

▶▶ 相关知识

热风枪是利用具有发热电阻丝的枪芯吹出的热风来对车身部件进行加热

第4章 车身塑料件及内饰损坏的修理

的工具。用热风枪加热塑料件可以使其恢复原来的状态。

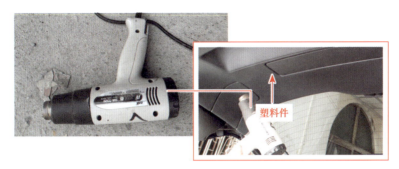

热风枪

23. 真皮座椅修复

（1）在真皮座椅表面损坏的位置涂抹上少量的502胶水，然后用细砂纸轻轻地打磨损坏的位置，使损坏的位置变得光滑。

打磨光滑真皮损坏的位置

（2）在真皮座椅周围贴上遮蔽纸，避免喷色漆时将车内的其他部件弄脏。

真皮座椅周围贴上遮蔽纸

(3) 调好色漆，然后使用喷枪来回均匀地喷上色漆，使其遮盖住真皮座椅损伤部位，如有必要则将整个真皮座椅的表面喷一层色漆。之后小心地在真皮损伤部位喷上第二遍色漆。

给真皮座椅喷色漆

(4) 让色漆自然干燥即可恢复原来的光泽，最后将遮蔽纸清除干净。

真皮座椅修复后的效果

24. 转向盘修复

(1) 首先在转向盘周围及转向盘标志、转向盘镀铬件贴上胶带（避免喷色漆时将车内的其他部件弄脏），然后在转向盘表面损坏的位置涂抹上少量的502胶水，再用细砂纸轻轻地打磨损坏的位置，使损坏的位置变得光滑。

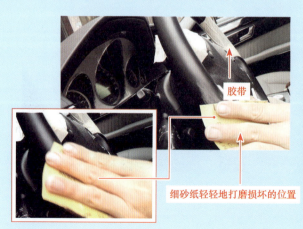

胶带

细砂纸轻轻地打磨损坏的位置

打磨损坏的位置

第 4 章　车身塑料件及内饰损坏的修理

（2）根据转向盘的颜色来调色漆，然后将其倒入喷枪内，均匀地将色漆喷在转向盘周围及安全气囊盖表面。

给转向盘喷色漆

给转向盘喷色漆

（3）当色漆表面完全干燥后将胶带撕开，然后在转向盘表面喷上仪表蜡即可恢复原来的光泽。

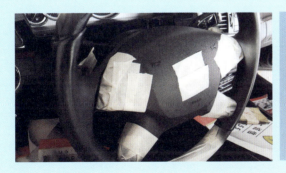

转向盘喷色漆后的效果

25. 车窗按键损坏修复

（1）首先在车窗按键上喷上泡沫清洗剂，然后用细砂纸进行刷洗直到将车窗按键掉漆的部位刷洗干净为止。

刷洗车窗按键

刷洗车窗按键

（2）车窗按键刷洗完掉漆后的效果。

车窗按键刷洗完效果

（3）在车窗按键四周贴上胶带，避免喷色漆时将车窗按键以外的其他部件弄脏。

贴遮蔽纸

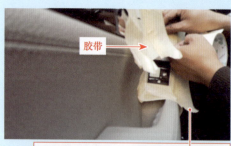

贴胶带

（4）根据车窗按键的颜色来调色漆，然后将其倒入喷枪内，用喷枪均匀地将色漆喷在车窗按键上。

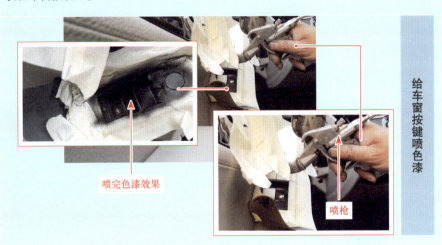

给车窗按键喷色漆

给车窗按键喷色漆

（5）当车窗按键色漆表面完全干燥后，用牙签蘸上清洁剂小心地将每个按键标识上的色漆清理干净。最后使用干净的棉毛巾将车窗按键清理干净即可。

清理干净按键标识上的色漆

清理干净按键标志上的色漆

第 5 章　车身附件修理

26. 左侧后尾灯对位及安装

（1）首先准备好新的左侧后尾灯。

正面

背面

新的左侧后尾灯

（2）使用锤击矫正左侧后尾灯座的位置。

左侧后尾灯座的位置矫正

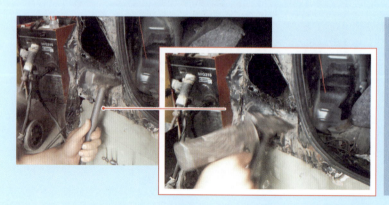

矫正左侧后尾灯座的位置

（3）将左侧后尾灯放置到左侧后尾灯座上，然后观察后尾灯与后尾灯座的配合间隙是否正常。

检查后尾灯与后尾灯座的配合间隙

检查后尾灯与后尾灯座的配合间隙

（4）如发现后尾灯与后尾灯座的配合间隙不正确，则取下左侧后尾灯，然后根据对位的位置进行继续矫正，直到配合位置正确为止。

继续矫正左侧后尾灯座

（5）重新将左侧后尾灯装到左侧后尾灯座上，然后将左侧后尾灯的螺栓拧紧，并检查左侧后尾灯装到左侧后尾灯座的配合位置。

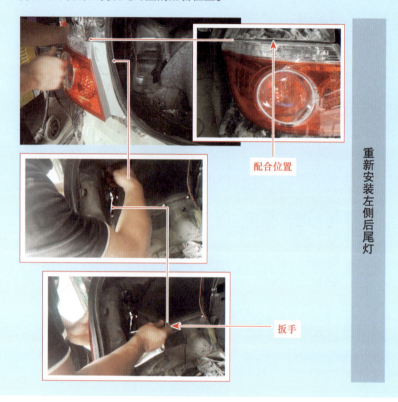

（6）经过仔细检查，确保左侧后尾灯位置完全正确后再次拆卸左侧后尾灯，等到喷好油漆再安装上左侧后尾灯即可。

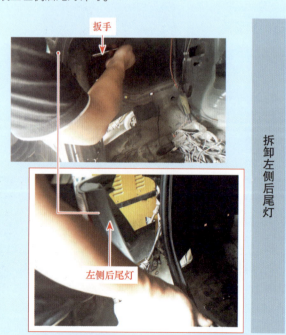

27. 右侧后尾灯对位及安装

（1）首先准备好新的右侧后尾灯。

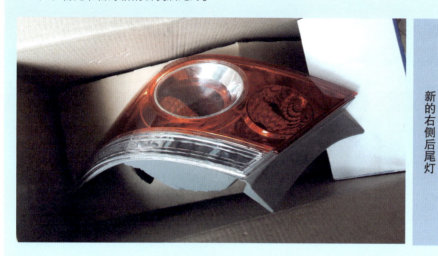

新的右侧后尾灯

（2）将右侧后尾灯放置到右侧后尾灯座上，然后观察后尾灯与后尾灯座的配合间隙是否正常。

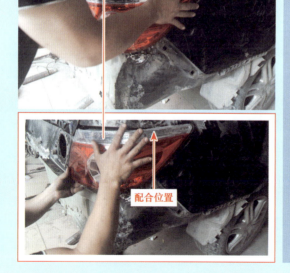

检查后尾灯与后尾灯座的配合间隙

配合位置

检查右侧后尾灯与后尾灯座的配合间隙

矫正右侧后尾灯座

(3) 如发现后尾灯与后尾灯座的配合间隙不正确,则取下右侧后尾灯,然后根据对位的位置进行矫正,直到配合位置正确为止。

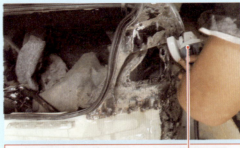

矫正右侧后尾灯座

重新安装右侧后尾灯检查位置

(4) 重新将右侧后尾灯装到右侧后尾灯座上,然后将右侧后尾灯的螺栓拧紧,并检查右侧后尾灯装到右侧后尾灯座的配合位置。经过仔细检查,确保右侧后尾灯位置完全正确后再次拆卸右侧后尾灯,等到喷好油漆再安装上右侧后尾灯即可。

配合位置

重新安装右侧后尾灯检查位置

28. 行李箱盖尾灯对位及安装

（1）使用锤击对行李箱盖尾灯的位置进行矫正。

矫正行李箱盖尾灯的位置

矫正行李箱盖尾灯的位置

（2）将行李箱盖尾灯放置到行李箱盖尾灯座上，然后观察行李箱盖尾灯与行李箱盖尾灯座的配合间隙是否正常。如果配合间隙不正常，则应拆开继续矫正；如果配合间隙正常，则将行李箱盖尾灯的螺栓拧紧，并检查行李箱盖尾灯装到行李箱盖尾灯座的配合位置。

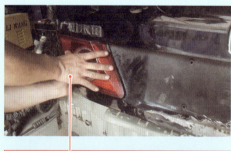

行李箱盖尾灯对位

行李箱盖尾灯对位

（3）经过仔细检查，确保李箱盖尾灯位置完全正确后再次拆卸行李箱盖尾灯，等到喷好油漆再安装上行李箱盖尾灯即可。

拆卸行李箱盖尾灯

29. 轮辋的修复

（1）首先从车上拆下车轮，然后使用扒胎机将轮胎与轮辋分离，再使用气动打磨机将轮辋上的锈斑或划痕打磨掉。

打磨轮辋

（2）将打磨干净的轮辋用自来水清洗干净，然后用细砂纸一边水磨，一边进行清洗，直到将轮辋彻底清洗干净。

水磨轮辋

水磨轮辋

（3）将水磨干净后的轮辋放到通风良好的地方让其自然晾干，必要时可以使用压缩风枪将其吹干。

自然晾干轮辋

（4）当轮辋晾干后，使用浸蘸有除油剂的纸巾或毛巾将轮辋擦拭一遍，然后使用喷枪在轮辋表面均匀地喷上一层色漆。待色漆干燥后再喷上一层清漆即可将轮辋修复，如有必要，可对其表面进行一遍抛光。

喷漆

30. 安装保险杠亮条

（1）首先将保险杠亮条一端粘在保险杠亮条安装槽内，然后撕掉保险杠亮条底层和上层的保护层。

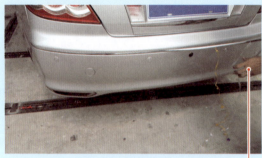

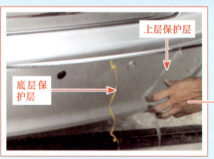

（2）一只手拉直保险杠亮条，用另一只手的手指或抹布小心地将保险杠亮条安装槽清洁干净。

第 5 章　车身附件修理

（3）一只手拉直保险杠亮条，用另一只手的手指将保险杠亮条压入安装槽内即可将其粘接牢固。用这样的方法将保险杠亮条全部装入安装槽内。

粘接保险杠亮条

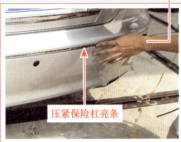

压紧保险杠亮条

安装保险杠亮条

第6章　车身刮原子灰

31. 刮原子灰前表面处理

（1）首先使用胶带将车身的镀铬件及车门拉手遮蔽起来，避免打磨时粉尘将它们弄脏。

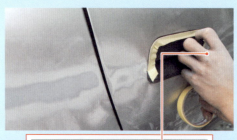

（2）使用气动打磨机将旧漆面或锈蚀打磨干净。注意：在打磨受损部位与周边漆面连接部位时，受损部位应打磨出一个羽状边的缓冲坡面，便于后喷的漆面与原车漆面更好地连接在一起。

遮蔽车门拉手

打磨旧漆层

第6章 车身刮原子灰

（3）用压缩空气将打磨部位表面的粉尘吹干净。

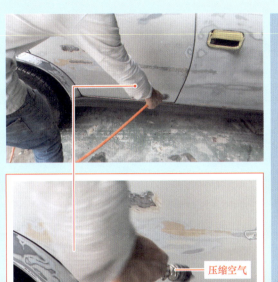

吹干净打磨部位表面粉尘

压缩空气

吹干净打磨部位
表面粉尘

相关知识

1. 气动打磨机的作用及原理

气动打磨机的主要作用是除锈、清除漆层。气动打磨机就是通过连接压缩空气的方式提供动力实现打磨机持续运转。

气动打磨机

2. 气动打磨机的使用方法

（1）在使用气动打磨机之前要仔细检查一遍气动打磨机的各部位零部件

是否完好无缺，看看是否有松动的地方。之后再检查一下砂轮片是否有损坏或者受潮的现象，检查后将砂轮片安装上去，并且要确保砂轮片安装牢固。

（2）检查压缩空气管道是否完好，空气管是否有破损等异常情况。

（3）在气动打磨机工作时，它的磨切方向严禁对着任何人，以免砂轮片或飞溅物飞出伤人。

（4）在打磨时，力道要均匀，当出现卡阻的时候，要立即将气动打磨机提起来。

（5）使用气动打磨机在打磨时要选择粗细合适的砂纸，并且要及时更换，以便提高打磨效率。

气动打磨机的使用方法

气动打磨机的使用方法

气动打磨机的握法

3. 气动打磨机的使用注意事项

（1）气动打磨机在使用时间过长时要适当停止作业，避免气动打磨机的温度上升出现烫手等异常情况。

（2）要定期对气动打磨机进行清洁，还要保持气动打磨机的通风孔在工作的时候通风顺畅。

第 6 章　车身刮原子灰

32. 原子灰的涂抹

（1）使用原子灰前需按配方调拌均匀原子灰和固化剂。调原子灰量不宜过大，否则会增加调制时间使原子灰较早地硬化。注意：磷化底材表面不能直接刮涂原子灰，必须首先喷涂隔绝底漆后才能刮涂原子灰。

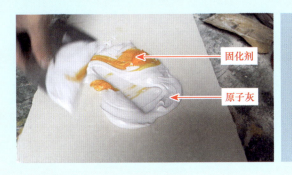

调拌原子灰和固化剂

（2）刮涂原子灰时，用两把刮刀，一把刮刀用来盛放混合好的原子灰，另一把刮刀用来刮涂，将原子灰刮在损伤区域。刮涂时刮刀与车身（或钣金件）表面构成60°，并略呈弧形。

刮涂原子灰操作

刮涂原子灰操作

（3）对于需要较厚的填补区域可以分几次进行填补。操作过程中不能来回刮涂，以免原子灰中孔隙被粘死，造成长期不干。原子灰可用粗灰，是聚酯腻子加固化剂调合而成，可以刮涂得较厚，不会出现不干现象。

分次进行填补

相关知识

1. 原子灰和固化剂

原子灰，俗称腻子，它主要功能是对钣金件的凹坑进行填补。它的特点是硬化时间短，常温下 0.5h 即可干燥硬化，可以进行打磨；经打磨后的原子灰表面细腻光洁，表面坚硬，对其上面的涂料吸收很少甚至不吸收；附着能力强，耐高温，正常使用时不出现开裂和脱落。固化剂主要功能是调节原子灰的硬化时间。原子灰的主要类型和具体功能如下：

（1）普通原子灰。普通原子灰多为聚酯树脂型，膏体细腻，操作方便，填充能力强，适合大多数的金属钣金件，也可以用于车用塑料件，但刮涂不宜过厚。普通原子灰使用有一定的局限性，如镀锌板、不锈钢板和铝板等表面附着能力比较低，容易造成开裂，使用前要喷涂一层隔绝底漆后才能使用。

（2）纤维原子灰。纤维原子灰含有纤维物质，干燥后质轻但附着力强，硬度很高，可以直接填充直径小于 50mm 的孔洞，并且对于比较深的金属钣金件凹陷部位填补也非常有效，但表面会呈现多孔状，需要用普通原子灰填平。

（3）合金原子灰。合金原子灰也称金属原子灰，比普通原子灰性能优越，使用方便，被广泛使用。

（4）塑料原子灰。塑料原子灰专用于塑料件的填补工作，调和后呈膏状，刮涂后与底材附着良好，有很好的修复效果。

原子灰和固化剂

2. 原子灰调制

（1）原子灰装在罐中的时候，其各种成分（如溶剂、树脂及颜料、固化剂）会分离。原子灰不可以在这种分离的形态使用，故在原子灰取出罐子以后，必须与固化剂彻底搅拌后方可使用。调制原子灰时，首先取适量的原子灰放在混合板上。

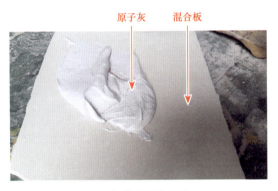

原子灰放在混合板上

（2）按规定的原子灰：固化剂=100：2（质量比）添加一定量的固化剂。气温越低固化剂用量越多，但一般不应大于100：3。

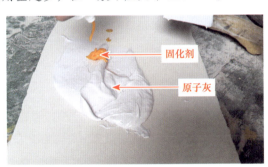

加入固化剂

（3）用刮刀围绕着固化剂盛起大约1/2原子灰。

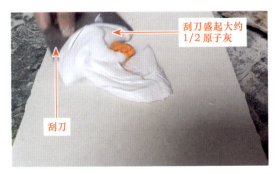

盛起大约1/2原子灰

（4）围绕着固化剂将盛有原子灰的刮刀翻转，然后将刮刀基本上与混合板持平，将它向下压并搅拌。一定要将刮刀在混合板上刮削，不要让原子灰留在刮刀上。

刮刀翻转

（5）拿住刮刀并且将混合板上混合的原子灰全部舀起，然后将原子灰翻身。

刮刀舀起全部原子灰

（6）原子灰翻身时将原子灰向上朝混合板的顶部移动，在原子灰延展至混合板的边缘时，盛起全部原子灰，并且将它向混合板的底部翻转。

原子灰延展至混合板的边缘

第 6 章　车身刮原子灰

（7）重复操作搅拌直到原子灰充分混合均匀为止。

继续搅拌原子灰

原子灰调制

33. 原子灰的打磨

用手指甲检查原子灰软硬程度，当原子灰干透后，再进行水磨。水磨就是用包有 100 号水砂纸的磨块（木块或橡胶块）蘸水进行打磨。

（1）首先选用与磨块大小相配的砂纸或者把砂纸裁剪好，使之与磨块尺寸相配，然后将砂纸固定在磨块上，把磨块平放在打磨面上。

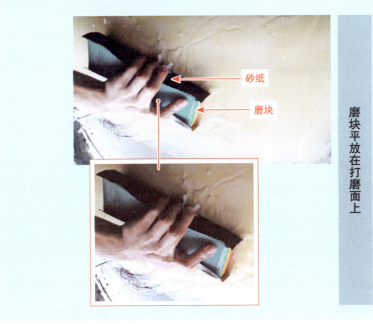

（2）打磨时沿磨块的长度方向均匀施加中等程度的压力，不得急于求成而用力过猛，否则原子灰会被磨穿或磨出凹坑。

89

（3）打磨时用磨块作前后往复的摩擦运动打磨，打磨行程为较长的直线。不要使磨块作圆周运动，应始终沿车身轮廓线方向打磨。

（4）打磨过程中应充分注意露出的最高点，并以此最高点为准，多次用手摸出平整度加以修整。

（5）对于波浪形平面，可选用长一些的木块作衬块，打磨动作幅度可大些。

（6）对于局部补刮的原子灰，打磨时要注意原子灰层边缘的平整性，即原子灰口要磨平，以防产生原子灰层痕迹，并为第二道原子灰的刮、磨带来方便。

（7）水磨时，砂纸会被填料的粉末粘住，经常抖动、拍打砂纸可以去掉一些粉末，也可一边冲水一边进行水磨。

原子灰打磨操作

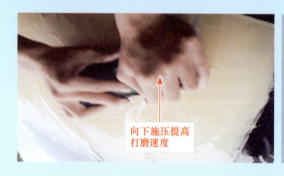

原子灰打磨操作

（8）用棉抹布将原子灰打磨部位清洁干净。

清洁干净原子灰表面

清洁干净原子灰表面

34. 原子灰的修整

原子灰打磨完成后，要检查原子灰表面，若发现有砂纸磨痕、气孔和小的伤痕，应马上修整。

第6章 车身刮原子灰

（1）用原子灰刮刀取少量填眼灰置于原子灰托板上，也可以置于另一个刮刀刀片上。

取少量填眼灰 — 刮刀 — 填眼灰

（2）刮涂时用小的原子灰刮刀，以刀尖部取很少量的填眼灰，对准气孔及划痕部位，用力将填眼灰压入气孔或划痕内，必要时可填补多次。

将填眼灰用力压入气孔 — 将填眼灰压入气孔或划痕内

（3）在原子灰与旧涂膜的边缘交接处或者在砂纸磨痕较多的原子灰表面刮涂一层填眼灰。在自然条件下 5~10min 即可完全干燥，必要时也可以烘烤。

在原子灰与旧涂膜的边缘刮涂一层填眼灰

刮涂填眼灰

（4）采用240~320号砂纸进行水磨，水磨时最好配合磨块，直到孔和砂纸痕完全消除为止。最后清洁干净打磨后的填眼灰表面，准备进入下一个工序操作。

打磨填眼灰

相关知识

原子灰的修整工序完成后一般情况下也可以喷色漆，但是为避免有些原子灰层吸色漆，一般在喷色漆之前首先喷一层中涂底漆，然后进行打磨，将砂纸痕迹去除后再喷色漆，具体方法如下：

（1）原子灰修整完成后在原子灰表面喷上一层中涂底漆。中涂底漆一般要喷涂2道，每道间隔时间5~10min（常温），然后让其自然干燥（自然干燥需要30min以上）。

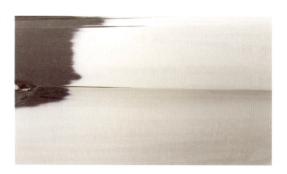

中涂底漆

（2）应仔细检查中涂底漆表面有无砂纸打磨痕迹、气孔及其他缺陷。若有缺陷，可用硝基类速干原子灰（也称填眼灰）修补，用刮刀或塑料刮刀薄薄地刮涂，不要一次填得过厚，最多只能填0.2mm，若一次填不满，间隔5min再填。

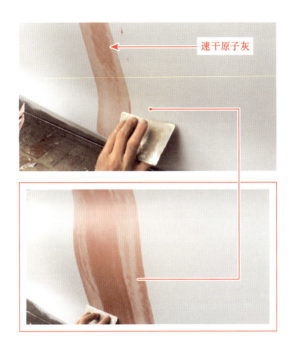

用刮刀薄薄地刮涂速干原子灰

刮涂速干原子灰

（3）先把砂纸浸入水中，并把打磨表面弄湿。打磨过程中及时给打磨表面加水，防止打磨表面变干。打磨时使用 P600 水砂纸进行手工打磨，并尽可能以旋转方式来减小砂纸痕。先以修补部位为中心，用 P400～P800 砂纸将凸出部位磨平，然后用 P800 或 P1200 砂纸将整个表面打磨平整。

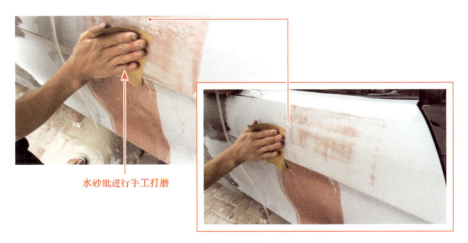

去除砂纸痕

去除砂纸痕

（4）右手使用方形磨块配合 P400 水砂纸，对中涂漆区域进行水磨操作，左手拿一根自来水软管加水，双手配合防止打磨表面变干。打磨时要一边水磨，一边检查，确保表面变得光滑。

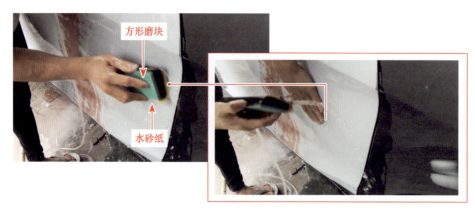

水砂纸打磨中涂漆区域

（5）拿开方形磨块，然后将整个中涂漆区域表面再打磨一次，直到将砂纸痕消除为止。

再次打磨中涂漆区域表面

（6）使用自来水将中涂漆区域表面完全清洗干净，然后用棉毛巾擦干车身表面的水分，以便下一步喷色漆作业。

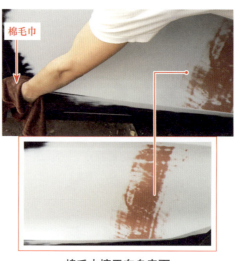

棉毛巾擦干车身表面

打磨中涂漆区

用棉毛巾擦干车身表面

第7章 车身喷漆

35. 调色漆

（1）首先找到与车身颜色一致的色卡，然后用色卡与车身（或车身的部件，如车门把手）颜色对照以便准确确定色卡。有些色卡背面提供原厂参考调色配方，但有些需要根据色谱与参考调色配方，结合实际需要写出实际调色配方（一定要准确选择色母）。

车门把手

（2）确认调色配方后进行调色，将所有色母倒入置于电子秤上的洁净容器中，记录色母的重量。但是对于有经验的调漆技术人员，他们会根据调配的量准确估计出添加色母的量。

色母

取色母

（3）将加入的色母用比例尺搅拌均匀。每个人对需要调整的颜色有不同的认识，因此，建议从自己觉得差异最大的颜色属性开始进行调色。

搅拌色母

（4）用比例尺盛起一小部分色漆，将其与车身的原漆进行对比，确定是否一致。注意：比色的时候比例尺的色漆将会有一部分从比例尺上滴下，要用盛装色漆的容器放在比例尺下方，以免色漆滴在工作台上。

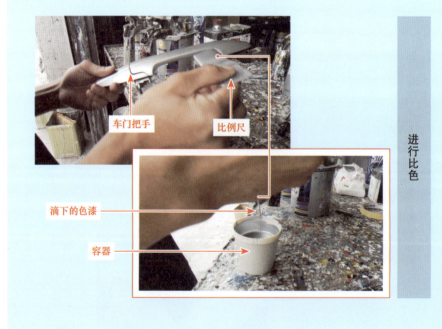

进行比色

调色漆

(5）如果不一致则添加少量的色母进行微调，但应注意以下几点：

1）每次微调只能添加少量的色母（不超过原配方中用量的5%）。

2）每次微调只能使用一种色母。

3）记录每次添加色母的用量，形成自己掌握运用的配方。

进行微调

(6）当调出色漆颜色与原车色板（或原车漆面）吻合度达90%左右时，则喷小色板跟原色板作比较，主要操作步骤如下：

1）用一块小铁板进行试喷，并达到完全遮盖，要特别注意气压和溶剂用量，有时通过调整气压或溶剂就可以获得非常接近于原色板的颜色。

2）调实色漆时，喷板前调浅一点，调银粉、珍珠漆时则比原色板要稍深一点，这样喷出来的效果才能与原色板吻合。这种深浅度要反复实践、摸索才能熟练掌握。

3）将喷枪倾斜，然后用比例尺取少量所调的色漆放入喷枪内。

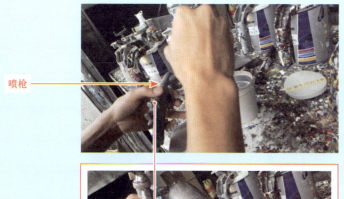

色漆放入喷枪内

准备试喷色漆

4）用钳子将喷板夹住，然后用喷枪对喷板进行喷色漆。喷色漆时，要先雾喷 2 次，相隔 15min 或吹干后，再湿喷 1 次。切记每次不可喷太厚。

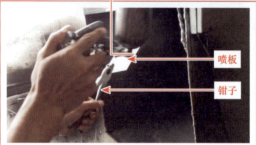

进行试喷

（7）观察喷板与原车漆面，然后重新测定颜色，如需要再做进一步的微调，则要确定调整哪一个属性，如色相、色度还是色品；如果颜色已经吻合，准确记录调色配方，并保留喷好漆的色板以供以后参考使用。

重新测定颜色

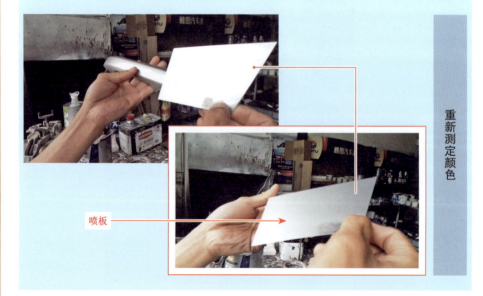

第7章 车身喷漆

（8）色漆调整完成后，在容器盖上注明色漆的标记（以备喷漆使用），然后用盖子将盛色漆的容器进行密封处理。

盖好容器盖

（9）将所有的色母和工具归位，清洁调漆车间，调色工作完成。

整理并清洁调漆车间

相关知识

1. 电脑调色的基本原理

电脑调色就是利用电脑查找色漆配方，然后按其组份及重量进行调配，就可得出所需要标号的色漆。电脑实际上就是一个色漆配方的资料库，储存了各种色漆的标准配方。各种色漆均由数码进行标记，而且大部分轿车的车身面漆在一定部位涂有色漆的标号,将该车色漆的标号输入电脑,从显示屏上就可看到此种标号复色漆组成的各单色漆的组分及重量。

2. 电脑调色的方法

(1)首先选出与被修复的车身最吻合的色卡。

(2)输入色卡编号等信息,然后根据电脑提供的颜色配方选定所需要的漆种。

(3)根据修补面积计算涂料总用量并输入电脑,电脑便会根据配方给出各种成分的用量。

(4)用电子秤量取各种色母及溶剂,并由混漆机将其调匀。

各种色母及溶剂

(5)将调好的色漆进行试喷。对照车身颜色,确保准确无误后方可正式调配大量色漆。

对照车身颜色

36. 车身喷漆前的准备

车身喷漆准备工作有喷漆房的清洁、车身表面的防护、喷漆表面的清洁、色漆的准备、喷漆房环境温度的准备和喷枪的使用与调试等内容。

第 7 章 车身喷漆

(1) 首先打开喷漆房,然后使用压缩空气将喷漆房的墙面和地板上的灰尘吹干净。

清洁喷漆房

(2) 将汽车驶入喷漆房,然后可靠地将汽车停稳。

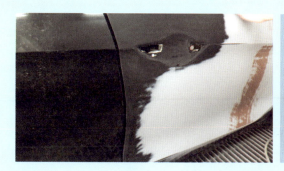

汽车停在喷漆房

(3) 使用压缩风枪将待喷漆区域的灰尘吹干净。

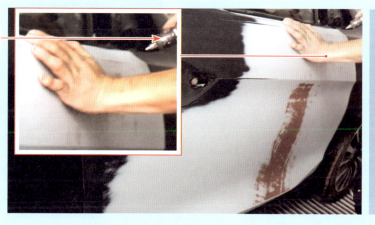

吹干净待喷漆区域

吹干净待喷漆区域

（4）使用遮蔽纸及胶带将待喷漆区域以外的部分遮蔽起来，避免喷漆的时候色漆飞溅在车身的其他表面。

车身表面的防护

（5）用浸蘸有除油剂的纸巾或毛巾擦拭车身表面，使表面湿润。

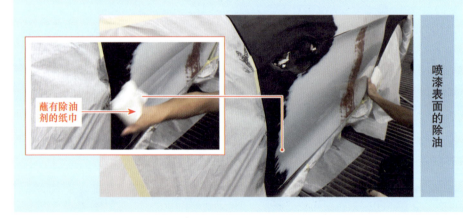

喷漆表面的除油

（6）在喷色漆之前进行最后一道除尘。用粘尘纸除尘时，轻轻擦拭被喷漆表面的灰尘即可。

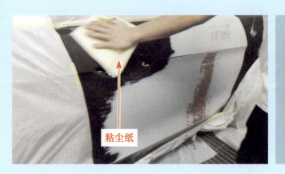

用粘尘纸除尘

相关知识

1. 车身遮蔽

（1）车身遮蔽一般选择胶带和车身遮蔽纸来完成。

车身遮蔽纸

（2）车身遮蔽时首先将胶带的一半粘住遮蔽纸，另一半将其粘贴在喷漆房的墙壁上。

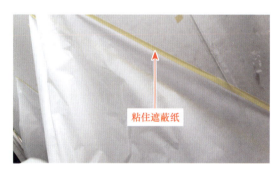

遮蔽纸粘贴在喷漆房的墙壁上

（3）从喷漆房的墙壁上扯下一块块占有胶带的遮蔽纸，然后将其依次粘贴在车身喷漆区域之外的表面，并再次用胶带将遮蔽纸粘在车身上。

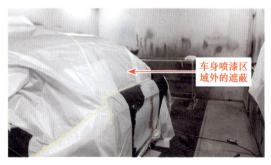

粘贴遮蔽纸

2. 除油剂

石油溶剂(汽油、煤油、柴油)、松节油、甲苯、四氧乙烯等均为常用的除油剂,一般采用刷洗的方法去除车身的油污。

除油剂

37. 车身喷色漆

(1)将调好色的油漆按所需要的量取出,视需要加入固化剂并充分搅拌,再加入稀释剂调整黏度,一般黏度调整到16~20Pa·s之间。

添加固化剂和稀释剂

(2)选取180号的涂料过滤纸进行色漆过滤,然后倒入喷枪。

过滤色漆

准备色漆

第7章 车身喷漆

（3）将喷枪的盖子拧紧，避免喷漆时色漆漏出。

（4）通过喷漆房的控制面板调整喷漆房的温度、通风、照明等功能。喷漆房的环境温度一般调整在常温状态（20~25℃之间）；打开照明开关，将喷漆房的灯光调亮。

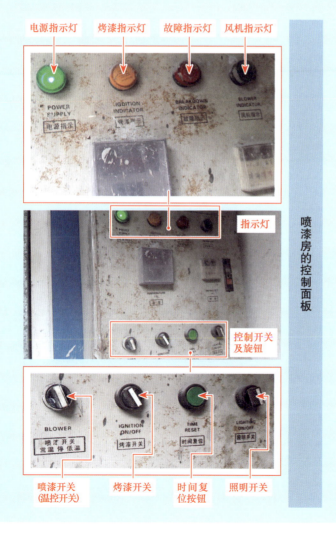

105

（5）调整喷枪的压缩空气压力和雾束的大小，准备喷色漆作业。

调整喷枪

第一次喷色漆

（6）采用 200mm 的喷漆距离，对喷漆表面进行薄喷漆，至漆层有少许光泽时停止喷漆，然后检查漆层表面有无缩孔。注意：漆层表面如果有缩孔，应提高喷枪压力，用干喷法再次喷漆，以便吹除缩孔。

第一次喷色漆

第二次喷色漆

（7）第一次喷色漆后，等色漆闪干 6~10min，就可以进行第二次喷涂。第二次喷色漆时将出漆量调节旋钮再退出一圈，喷漆距离改为 150mm。注意：如果第一次没有完全被遮盖，一般情况下只需要重喷暴露的面积。这时要减小喷漆压力和出漆量，喷枪要靠近一些，以防止相邻部位漆膜粗糙。第二次喷漆要求尽可能喷厚一些，但不能产生流挂。第二次喷漆干 6~10min 后才能进行下一步车身喷清漆。

第二次喷色漆

>>> **相关知识**

1. 喷枪

喷枪由枪体和喷枪嘴组成,枪体由空气压力调节阀、涂料流量控制阀、雾性(扇面)控制阀、扳机、手柄组成。喷枪嘴由气帽、涂料喷嘴、顶针组成。喷枪是利用空气压力将液体转化为液滴的喷涂工具,其工作过程称为雾化过程,它能使涂料成为可喷涂的细小且均匀的液滴。

2. 喷枪的调整方法

(1)喷涂面漆时要根据面漆的黏度选择适当口径的空气喷枪,以 HVLP(环保型空气喷枪)重力式空气喷枪为例,选用 1.3~1.5mm 口径的空气喷枪比较合适。喷涂黏度较高的涂料使用口径大一点的空气喷枪,喷涂黏度低的涂料使用口径稍小的空气喷枪。

(2)压力调整。严格按照油漆产品说明书所提供的施工参数调整喷枪的压力。对任何油漆产品而言,最适当的空气压力只有一个,就是能使涂料获得最好雾化的最低空气压力。

(3)雾束大小、方向要通过雾性控制阀和涂料流量控制阀进行调整。拧进雾性控制阀的调节旋钮,得到的雾形小而圆;拧出旋钮,即可得到大而扁的雾形。拧进涂料流量控制阀的调节旋钮,出漆量少,拧出旋钮则出漆量大。

喷枪

喷枪的调整

3. 喷枪的使用方法

（1）喷枪的距离。喷嘴与被涂表面之间的距离可参照张开手掌后大拇指尖与小拇指尖之间的距离，为15~20cm。如果距离过长，涂料就会过度蒸发，涂料涂覆在车身表面就会出现干喷或者橘皮等现象；而如果距离过近，涂料涂覆在车身表面就出现过喷从而形成褶皱或波纹。

喷枪的距离

（2）喷枪的角度。喷枪与被涂表面应始终保持在90°。在整个走枪的过程中始终保持喷枪与被涂表面呈直角，并确保手臂沿着被涂表面做平行运动，绝对不能以手腕或手肘为轴做弧形的摆动。

（3）喷枪的移动速度。喷枪的移动速度与涂料干燥速度、环境温度、涂料的黏度有关，约以30cm/s的速度匀速移动。如果走枪过快，会使涂料太干，表面粗糙；如果走枪过慢，容易产生流挂。

（4）喷枪扳机的控制。扣紧扳机时的涂料流量较大，因此为了避免每次走枪行将结束时所喷出的涂料堆积在车身表面边缘，需要在喷枪行程的末端略微放松一点扳机，以减少供漆量。

喷枪运动轨迹

喷枪运动轨迹

第7章 车身喷漆

38. 车身喷清漆

(1) 首先用量杯或等同的工具量取清漆和干燥速度较慢的稀释剂，然后将它们加入喷枪的涂料过滤纸中。

加入清漆和干燥速度较慢的稀释剂

量取清漆和稀释剂

(2) 用比例尺充分搅拌均匀清漆和稀释剂，黏度调整为 14~16Pa·s。

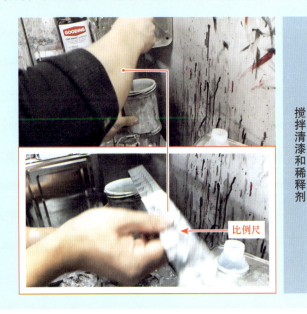

搅拌清漆和稀释剂

109

(3) 将喷枪的盖子拧紧，避免喷漆时候清漆漏出。

拧紧喷枪的盖子

(4) 适当减小喷枪压力，以与喷色漆相同的方法进行喷清漆。

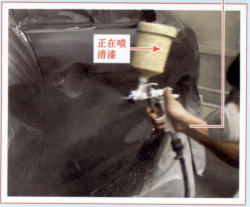

正在喷清漆

车身喷清漆

调制清漆

车身喷清漆

（5）当车身面漆层干燥后，车身即可恢复光泽，最后将遮蔽纸撕开，喷漆完成。

车身恢复光泽

相关知识

清漆就是喷在色漆表面的一层透明保护油漆，也叫光油。光油除了使油漆面闪闪发亮外，对色漆有相当好的保护作用。如金冠鼎汽车漆 G3-400 清漆需要配合金冠鼎汽车漆 G3-402 标准干剂和稀释剂一起使用。

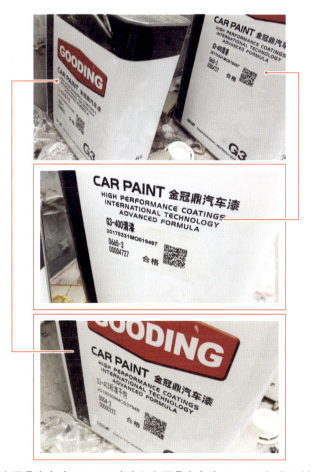

金冠鼎汽车漆 G3-400 清漆和金冠鼎汽车漆 G3-402 标准干剂

39. 面漆喷涂后涂膜的修整

在面漆喷涂完毕后，涂膜上常常会有个别因喷涂表面清洁不彻底，留有油渍、汗渍等造成涂膜张力变化而形成的小凹坑，或是清除贴护时造成的小范围涂膜剥落等现象。对这些地方进行补漆操作时，若缺陷位置不明显，一般不需要用喷枪，可使用小毛笔或牙签等对凹陷部位进行填补；如果缺陷部位非常明显或所处位置是车辆极需要涂膜完美的地方，如发动机舱盖或翼子板等，一般需要采用点修补的方法来修理。用牙签或小毛笔填补凹陷最好在涂膜未干时操作，如果涂膜已经干燥将会造成填补部位附着不良和颜色的差异。具体操作如下：

（1）若面漆漆膜已经基本干燥，则需要用清洁剂对需要填补的区域进行清洁。如有必要可用 P800 以上的细砂纸进行简单水磨，但打磨区域切不可过大，只起提高附着能力的作用即可，然后用清洁剂清洁干净打磨区域。

细砂纸进行简单水磨

用细砂纸进行简单水磨

（2）用牙签或小毛笔蘸上少许色漆（为保证没有色差，最好用剩余的色漆。若为双组份涂料，则必须添加固化剂），并迅速滴到故障部位（鱼眼）或描绘于需要填补的部位。用另一支小毛笔蘸取少许清漆涂抹在修饰部位，以使修饰部位变得较为平整和光亮。

填补漆膜缺陷

填补漆膜缺陷

（3）待修补的色漆完全干燥后可以涂抹抛光蜡。

涂抹抛光蜡

（4）最后起动抛光机对漆面进行抛光，使其恢复原来的光泽。

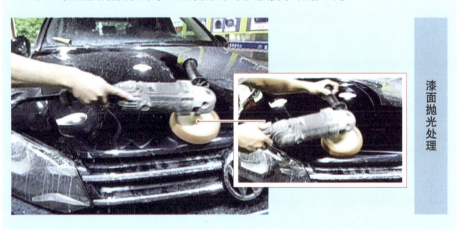

漆面抛光处理

漆面抛光处理

40. 面漆的抛光

（1）首先用自来水进行洗车，主要将车身的铁粉与杂质清洗干净，然后将风窗及装饰条密封起来。

进行洗车

（2）插上抛光机电源插头。

插上抛光机电源插头

（3）用清洁的自来水清洗海绵抛光盘。

清洗海绵抛光盘

（4）起动抛光机将海绵抛光盘的水分甩干，然后关闭抛光机。

甩干海绵抛光盘水分

(5）在车身表面涂抹少许抛光蜡，然后用抛光盘在漆面上涂抹均匀。注意：抛光时先用抛光粗蜡或中粗蜡进行抛光，之后再用抛光细蜡。

涂抹抛光蜡

(6）起动抛光机，调整抛光机转速为 1800r/min 左右，使抛光机的海绵轮保持与漆面相切，力度适中、保持一定速度进行抛光作业。

进行抛光作业

抛光的操作方法

(7）必须清洗干净漆面抛光蜡灰。对车身进行彻底清洗后，车身漆面应光亮如新。

漆面抛光蜡灰

115

参考文献

［1］冯小青，等.汽车碰撞钣金修复技巧与实例［M］.3版.北京：机械工业出版社，2014.

［2］吴兴敏.汽车车身结构与维修［M］.西安：西安电子科技大学出版社，2006.

［3］陈志.车辆尾部碰撞修复浅谈［J］.汽车维修与保养，2007（7）：69-70.

［4］戴耀辉.轿车车身修理与涂装技术培训教程［M］.北京：机械工业出版社，2003.

［5］程玉光，等.机动车维修车身修复人员岗位技能训练［M］.北京：机械工业出版社，2006.

［6］张湘衡.汽车车身碰撞修复［M］.沈阳：辽宁科学技术出版社，2011.

［7］杨永海.汽车车身构造与修复技术［M］.济南：山东科学技术出版社，2007.